서른이면 달라질
줄 알았다

為什麼你替別人著想，自己反而受傷？

〔延世大學心理系教授〕이동귀
李東龜——著
簡郁璇——譯

作者序

PROLOGUE

這個世界和人際關係令你感到疲憊嗎？

回想過去二十餘年，我在心理諮商與教學現場遇見了無數的人，透過帶著各自煩惱與希望的他們，我開始反思「我們為什麼會產生壓力？」以及「什麼才能帶來正面變化？」也因為遇見許多夢想改變的三十歲世代，我開始思考「改變真正的意義是什麼？」。

未滿三十歲的人，以為過了三十歲就會工作、愛情兩得意，也以為只要到了那時候，在人際關係中受傷害的纖細性格就會有一百八十度的轉變。然而，現實卻不是如此吧？未來充滿不確定感，要承擔的責任加重，我們依然過著被他人所傷、也傷害他人的人生。看著自己花了這麼多心力，到了三十歲卻毫無變化，我們覺得人生真的好難。或許就是因為這樣，所以有人說三十歲代表的是不成熟，也有人說代表悲傷。

三十歲，其實只是一個尋找自身真正面貌與天命的人生階段，因此無法避免名為挫折的反覆記號，每次自己的面貌也不會如期待般華麗。

與其說人生的成長過程是一條垂直陡峭的直線，將其比喻為坡度平緩的螺旋狀更為恰當。因此，在那緩慢的成長中，並不會因為三十歲就產生劇烈的變化。請試著將三十歲想成擁有不改變的自由，而非有義務改變的時期吧。尤其是性格纖細敏感、經常為他人著想的人，過了三十歲在人際關係中依然經常受傷，為此痛苦不已。但即便如此，為了走出無法被他人理解的苦惱及創傷，邁向更美好的人生，他們今天依然努力地改變自己。

面對這樣的他們，我能夠做的就只有帶著真心去傾聽，因此我花了說長不長、說短不短的時間傾聽他們的故事。但我必須坦白，雖然我是一名諮商師，但仍有很多時候會懷疑，我們是否能夠真心對某人產生共鳴、理解某人。即便是此時此刻，我能說的，不是我能對你的傷痛感同身受（理解），而是我想要感同身受（理解），而這應該是最好的回答了。

儘管如此，我仍有些話想對經歷過或即將體驗三十歲關卡的人說。在這世界上，長得像你一樣、想法也和你相同的就只有一個人。希望各位別忘了他人替你祈禱的善意，最重要的是，拿出勇氣來激勵過去認真努力的你。但願各位能帶著自信與悸動，迎接人生的全新篇章——接受自己原有的樣子，以及三十歲。

這本書是我想替時而對這個世界與人際關係感到疲憊與挫折，但仍想成為更好的人加油打氣的訊息。有時，人生似乎很矛盾。為什麼優先替他人著想的人更容易受傷呢？為什麼問題出在對方身上，痛苦的人卻是我？難道必須付出努力去改善的人非得是我嗎？為什麼有心想做好，也有縝密的計畫，改變依然如此困難？本書提供了這類問題的相關線索，最終會幫你找到「最像自己」的樣貌。

本書想要傳達的主要訊息有以下三點：

第一，你絕對無法改變其他人。你能夠改變的，只有自己對於世界與他人的態度。

第二，讓他們盡情高歌他們的曲子，而你也歡愉地吟唱自己的曲子。你的價值，並不存在於世界與他人對你的評價。

第三，包容、認同自己原本的樣子，那麼真正的內在變化就會發生。

這本書的前半部，主要是深愛某人、替某人著想的人，在人際關係中經歷的苦惱與傷痛，後半部則是令追求內在變化的人感到痛苦的原因。由於我們的內在風景彼此相關，所以各章的部分內容也自然會有關聯或重疊，但願透過這種反覆性與變數，能讓本書傳達的訊息更自然地內化。就算撇開順序不管，從各位感興趣的主題開始閱讀也無妨。

各章大致是從每個人身邊可能會碰到的煩惱開始講起，所有案例均以我從事諮商、生活指導與個人經驗為基礎所寫的故事，接著會探索煩惱發生的原因，並提出有助於幫助解決煩惱的想法或態度。每章的最末，則提出與主題相關的心理學知識與測驗。另外也針對可能會感興趣的讀者提供了相關參考文獻。

由於內容主要為我個人觀點或經驗，有些案例可能無法完全套用在某些人身上，但我仍想以多數人可能經歷的案例為基礎，如同面對面對話般娓娓道來，但願這本書能為各位的人生帶來些許幫助。

撰寫此書的同時，我不禁回想起讀博士時的指導教授海夫納。在人生的每一刻，是他激勵我走向一位心地溫暖、積極解決問題的人。「把某個人排除在外很容易，但與他同行是更具價值的事。不要逃避，用正面積極的心態去面對吧！」教授說的話，我始終銘記在心。

儘管各方面仍有不足，但直到這本書付梓之前，獲得許多貴人的大力幫忙。感謝對拖拖拉拉的作者寬宏大量，讓此書更臻完美的Book21出版社社長金永坤、人文企劃組鄭知恩組長、金燦星代理等相關人士，與提出出書邀約的辛靜淑本部長之間的緣分也同等珍貴。

我要向針對此書前半部初稿提出良善建言的七位老師，以及主導反饋過程的咸敬愛博士致謝。感謝平時和我一同愉快討論正向心理學與變化過程的天主教大學李熙景教授、替我加油的洪世熙教授、朴賢珠教授、金光植博士、張錫煥教授、朴成賢教授等，以及時時激勵我的尹孝均教授、金正午教授。此外，也感謝延世大學諮商心理研究室與教育研究所的學生、諮商研究小組的成員、延世大學語言研究教育院柳賢暻院長等的關注。

我想向成為我人生模範的父母與岳父、岳母致敬，謝謝他們無私的愛與奉獻。最重要的，是想對和我一起檢討整本書稿、提供詳盡的意見，同時在物質與精神層面支持我的太太林鉉祐教授致上深深的謝意。

最後，在此追憶於二〇一五年夏日驟然離世的碩士指導教授李章鎬，以及宛如禮物般來到我身邊，卻沒來得及完成夢想就離開的弟子鄭相穆。

此書獻給對這個世界與人感到疲乏，但仍夢想有朝一日能改變的各位。

二〇一六年秋天

李東龜

目錄

CONTENTS

PART

1

寫給對這個世界與人際關係感到疲乏的你

人與人相遇時會發生無數的事，
和某些人在一起時感到幸福無比，
和某些人在一起時卻渾身不自在，
所以你不時覺得人際關係好難。

你總是替他人著想，
也因此感到委屈、受到傷害。

無論送禮時帶著再美好的心意，
但很遺憾的是，對方都有可能討厭那份禮物。

就算是出自真心，你也無法將對方改造成你想要的模樣。
請牢記，能改變的，只有你看待對方的態度。
現在，就讓他們盡情高歌他們的曲子，
而你也歡愉地吟唱自己的曲子吧！

別讓他人定義你是什麼樣的人，
在這世界上，
能夠定義你是什麼樣的人、該做什麼事情的，
就只有一人，
那就是你自己。

CHAPTER

1

人一旦過了三十
就不會改變

老公嘴上說愛我，卻不肯改變

我們是新婚一個月的夫妻，但老公的模樣卻與戀愛時截然不同，令我失望透頂。每次老公用完浴室，裡面就會變得亂七八糟，牙膏和刮鬍泡沫沾得到處都是，吹風機也從來不曾物歸原位。最重要的是，老公總是把馬桶蓋掀起，害得急著上廁所、想都沒想就坐下的我弄得一身狼狽。見到老公有別於戀愛時期乾淨俐落的面貌，我深刻地領悟到，結婚不是什麼美好的幻想，而是再真實不過的現實。

每次我用完浴室，都會考慮到別人，把洗手台的水漬擦乾，散落一地的髮絲也一併清掉，所以對老公絲毫不體貼別人的行為很不高興。我拜託過老公保持浴室的整潔，也為此發過脾氣，但只要稍微有一點改變，老公就會故態復萌，在反覆經歷相同的情況之後，我對老公感到既失望又生氣，甚至懷疑「就連這點要求都無法做到，這個人真的愛我嗎？」同時也擔憂往後要怎麼和這男人共度數十年歲月。

這個人原本就是這樣

話說在前頭，包含我自己在內，人都不會輕易改變，尤其是嘗試改變年過三十歲者的行為都註定會失敗。你可能會反駁，這番話是以什麼為根據，又或者可能會訝異，人確實不會輕易改變，但為什麼偏偏是以三十歲為基準？

我之所以會認為年過三十歲的人難以改變，大部分是以我的諮商經驗為基礎，不過也有許多心理學家認為，人的性格或氣質不會輕易改變。擁有外向氣質的人大致比內向的人感覺更幸福，而這種傾向也同樣不會輕易改變。儘管如此，後青少年期到屬於前成人期的二十歲為止，形成「自己是什麼樣的人」的自我認同是很重要的發展課題，因此某種程度上仍可能發生變化。但從自我認同相形穩固的三十歲開始，喜惡會變得分明，並成為那個人的特性，因此不會輕易被外部的影響改變。

當然，即便過了三十幾歲，也會因為非常特別的事件，好比說失去了至親、碰上自然災害、經歷心理創傷、透過各種學習而有所頓悟，進而改變性格或習慣，但一般而言並不容易。只要仔細觀察那些為了人際關係所苦惱、感到痛苦不已的人，就可得知許多情況的癥結都在於試圖將某個親近的人改造成自己期望的模樣。**嘗試將他人改造成我所期望的模樣，這些行為都註定會失敗。**

你希望老公能成為一個愛乾淨的人，認為浴室使用完畢後清理乾淨的行為是對別人的一種體貼。你期待老公體貼自己，所以想將浴室弄得亂七八糟的老公改造成你期望的模樣，但這種嘗試終究很可能失敗，更可能會在過程中經歷各種摩擦。假如此時你又產生「如果老公愛我，至少能為我做這點事吧？」的想法，不僅雙方會對彼此感到失望、說出傷害對方的話，最後對婚姻產生懷疑，導致夫妻關係面臨危機。仔細想想，有必要為了說服對方而互相傷害嗎？**你的信念只適用於自己，不該將這套標準強加在他人身上。**

許多人總會先丟出「到底為什麼這個人非這麼做不可？」的提問，接著才開始尋找解答，但這一類的問題很難找到明確的答案或解釋。即便找到了答案，也不會因此消除衝突。因為「為什麼」這個提問傳達出衝突的原因在於對方身上的訊息，反倒對改善關係毫無幫助。

這個人原本就是這樣，他不是故意要折磨你。一個超過三十年都用自己方式生活的人很難改變是理所當然的。如果你認同自己無法遵照別人的信念與習慣去做、變成一個全新的人，那麼不也應該放下要求其他人依照我的期望改變的心態才公平嗎？全然接納對方不會改變的事實後，剩下的問題就是當衝突發生時，應該要如何反應。

能改變與不能改變的事

第一，請先認同「這個人原本就是這樣」。認同、接納包含自己在內，超過三十歲的人都不會改變的道理，才是為關係帶來正面變化的出發點。進行夫妻諮商時，經常可從性格測驗得知兩人的性格南轅北轍，所以如果針對性格差異的部分做進一步說明，反倒能夠改善關係。因為，當事人意識到對方不是故意不把自己放在眼裡，而是性格所致之後，彼此失落的情緒與想改變對方的企圖都降低了。

第二，請別忘了衝突的責任是由兩人共同承擔。人在生氣時，很容易會認為是對方惹我生氣，但有些人在類似情況下卻不會發生衝突，或者即便面臨衝突情況也不會發火。衝突之所以發生，是因為雙方都很容易發脾氣。由於衝突是兩人共同製造出來的產物，所以你和對方的責任是五十對五十。

第三，當腦海出現「你到底為什麼……」的想法時，請趕快停下來。「你每次都這樣」或「你從來沒有耐心聽我說話」等言語會刺激對方，很可能會使彼此陷入「指責遊戲」。一旦開始計較誰的過錯比較嚴重，不管是真是假，都只會使所有人成為落敗者。「老是」、「絕對不」、「一次也沒有」等武斷的語氣也最好盡量不要使用。難道對方真的「一次也沒有」聽你說話嗎？生氣時，如果能以「我」開頭進行對話，好比「我本來希望我們的婚姻可以怎樣，但現實變成怎樣後，反而內心覺得很不自在」，如此對方既不會有被指責的感覺，同時也能明確傳達我的想法。

在心理學，以主語「我」開頭進行對話叫作「**我訊息**」表達法。這種句子尤其適合用在自己發脾氣的時候。相反的，對經歷痛苦的人說話時，則適合使用以對方為主語的句子，好比說「你應該希望能……的，一定很傷心吧？」而這種對話法就稱為「**你訊息**」。

第四，發脾氣無法解決問題。起衝突時，生氣確實也是我們生活的一部分。有時無法抑制滿腔怒火時，就需要將情緒宣洩出來，但在許多情況下，情緒激昂時說出的話，不僅很難真正反映自己的真心，也會刺激到對方，最後絕對得不到你想要的結果。生氣時，先取得對方的諒解，暫時離開現場，之後冷靜對談也是一種方法。還有，如果不小心發了火，請先真誠地向對方道歉。

第五，請仔細想想自己為何會發這麼大的脾氣，然後將自己介意的部分告訴對方。有些人雖然會忍耐別人對自己的指責，但如果是自己的家人與娘家被指責，或被拿來與他人比較時，就會感到怒不可遏，甚至吵得一發不可收拾。有些人在說話時，如果對方插嘴，就會覺得對方不把自己放在眼裡而感到不爽。

每個人都有容易受傷的點，所以最好先瞭解自己在意哪些部分、容易對哪些事情動怒，然後告知對方，如此就能避免犯下同樣的失誤、預防雙方關係惡化。

請試著去區分不能改變的事（對方）與能改變的事（我回應對方的方式）。

以下是雷茵霍爾德・尼布爾（Reinhold Niebuhr）的「寧靜禱文」。

我的上帝，請賜予我寧靜，去接受我不能改變的一切；
賜予我勇氣，去改變我能改變的一切；
並賜予我智慧，去分辨兩者的不同。

進一步瞭解：個人回應問題的方法

為了解決發生的問題，個人所採取的行動稱為「應對方式」。根據海夫納與同事在美國進行的研究，[1]個人的應對方式可以分為反思型、抑制型和回應型三大類，而在韓國也出現了相同的結果。[2]

・反思型

——掌握問題的因果關係後，制定計畫，以有系統的思考來應對。

・抑制型

——迴避問題及迴避採取行動來解決問題。

・回應型

——扭曲問題或出現情緒化的反應。

個人應對方式測量表

想要解決日常生活中個人碰到的困難和問題時，你通常會怎麼思考、感受或採取什麼行動呢？請閱讀每一項後，在括號內寫下相對應的頻率。最下方會提供計分方法與韓國大學生的平均分數。

①	②	③	④	⑤
幾乎不是	有時	一半一半	經常	幾乎都是

❶ 我不確定我是如何看待自己的問題。（　）
❷ 我的行為無法維持到實際解決問題為止。（　）
❸ 我會思考過去解決類似問題的方式。（　）
❹ 透過掌握情緒發生的原因，有助於確認與解決我的問題。（　）
❺ 由於挫折感太深，連帶著與問題相關的事也一併放棄。（　）
❻ 會思考各種問題解決方案帶來的短期或長期結果。（　）
❼ 想法會被問題困住，過度放大問題的某個部分。（　）
❽ 對問題持續感到不舒服時，表示我必須對此付出更多努力。（　）

❾ 過去的情緒會妨礙解決眼前的問題。（　）

❿ 不採取解決問題的行動，而是做著毫不相干的事（雜事），讓時間一分一秒流逝。（　）

⓫ 事先計畫可避免問題發生，並提前做好準備。（　）

⓬ 用有系統的方法思考我的問題。（　）

⓭ 不會親自向對方確認我的結論，無法讀懂對方的動機和情緒。（　）

⓮ 為了掌握並解決問題，會進一步瞭解我的情緒。（　）

⓯ 太急著採取行動，導致問題惡化。（　）

⓰ 很難集中在問題上頭，心思散漫。（　）

⓱ 初次嘗試解決問題卻沒有成功時，會有其他替代方案。（　）

⓲ 完全迴避思考問題。（　）

計分方法

請將各項分數加總，求得總分，並和韓國大學生的平均分數相比較。

區分	題目	平均
反思型（7題）	3、4、6、11、12、14、17	23.46
抑制型（6題）	1、2、5、10、16、18	14.48
回應型（5題）	7、8、9、13、15	14.24

CHAPTER

2

傷痕只會變淺，不會消失

離別帶來的後遺症

一個月前，交往兩年的女友跟我分手了。她是我非常喜歡、追了很久才交往，也是第一個認真交往的女友，所以失落感深刻到難以言喻。三個月前，女友也曾提議分手，但我用淚水挽留，我們也重新在一起了，但這份喜悅稍縱即逝，過了兩個月，女友沒有特別說明原因，再次單方面要求分手。

和女友分手後，我的人生崩塌了，學業成績吊車尾，家境也突然遭逢變故，我對於凡事不順遂的現實處境感到悲觀不已。過去我把全副心思都放在女友身上，疏忽了和其他朋友的交流，等到我變成獨自一人，卻發現身邊沒有半個可以聯絡的朋友。另外，想到自己必須償還替女友過生日、過紀念日而刷的卡債，不禁覺得自己很沒出息。幾天前，偶然看到她在校園跟某個男生很親暱的樣子後，我的心情便久久無法平復。我到現在都還無法忘記她，日子過得這麼痛苦，但才分手沒多久，她卻已經交了新男友。我強烈覺得遭到背叛和憤怒，總會忍不住猜測兩人的關係走到哪一步，內心煎熬不已。

愛情的有效期限

失戀本身就是極大的痛苦，我完全可以理解單方面「被分手」、至今無法整理心情的你有多痛苦。和認真愛過的第一個女朋友分手了，卻連分手的理由都撲朔迷離，就必須強迫自己終結這段關係，這是何其困難的事啊？為何分手的各種猜測、為曾經那麼喜歡彼此的記憶感到沉痛，再加上你對自己說過的話、做過的事而遲來的後悔與自責，你一定感到十分混亂吧？曾經共度許多時光的關係突然說斷就斷，腦袋自然會像螺絲鬆脫的機器般一片空白，覺得虛脫無力與孤單也是理所當然的。

乍看之下，可能會覺得愛情逝去，相愛的時光最終都如泡沫般消失無蹤，但實際上不僅兩人相愛的時光還在，爭吵的時光也都一如既往。即便兩人分手了，共度的時光也不會因此變得毫無意義。對兩人的一生來說，那些時光具有重要的意義，也會隨著時間的流逝而留下珍貴回憶。

失戀的人基本上很容易被困在「為什麼我要經歷這種痛苦」、「為什麼我一事無成」的想法中，他們會認為自己是受害者，再加上如果又碰到其他事不順遂，被害妄想的症狀就會加劇。

不過，在失戀後發生的事情中，雖然有些事（學業成績退步）不能說和失戀完全無關，但其他事（家道中落）則是和失戀毫不相干的獨立事件。學業成績退步也不是所有失戀的人都會發生的狀況，所以某種程度上是和當事人的反應與選擇有關的問題。至少你有必要正視，把毫無關聯的事件與失戀牽扯在一起，增加自己的痛苦，對你一點幫助都沒有。

失戀後，也有很多人會陷入「我做錯什麼？」的自責，覺得被提分手的男、女朋友背叛或深感憤怒。短時間內，這種情緒可看成是分手後的自然情緒反應，但如果持續太久，那就有問題了。被單方面的分手，並不代表分手的責任就可以全部轉嫁到對方身上。分手代表兩人的關係過了有效期限，過去彼此合不來的地方猶如雪球般越滾越大，在很多情況下，很難找到可以說明分手的明確原因或觸發的事件。在過了有效期限的關係中，追究誰是誰非又有何意義？

珍藏美好的回憶，讓痛苦的回憶隨著時間流逝，這才是最好的做法。即便你再怎麼竭力想維持這段關係，只要對方不願意就別無他法。

戀人關係結束後，兩人會依照各自的自由意志過活，無論你的前女友和新男友在哪裡做了什麼，那都是她／他的自由。雖然你深受失戀之苦，但想像特定的畫面並為此痛苦不已，這種「侵入性思考」已經超出了一般範圍，需要接受專家的諮商。同時，希望你參考一下強迫性思考與強迫性行為的部分。

我們面對失戀的態度

除了戀人關係之外，人的一生會因失去而經歷大大小小的傷痛。最令人悲傷的，莫過於失去「摯愛（家人、朋友、寵物）」。與對方的關係越親密、越長久，傷痛的過程就越深刻難熬。雖然面對失去的具體方法多少有些偏離本章的主題，但我仍想在此分享幾項要點：

第一，你需要有一個可以聊聊這件事的對象。失去家庭成員時，判斷傷痛過程的根據之一，就是其餘的家人是否會聊起離去的人、彼此分享悲傷。倘若家人之間避而不談演變成一種不成文規定，撫平傷痛的過程會更加緩慢、辛苦。

第二，請牢記這點，越經常談論離去的人，克服悲傷的可能性就越高。儘管如此，克服卻強求不來，你可以看著與對方拍的合照，回想當時美好的時光，或者運用祈禱等儀式之類的方法。

第三，請注意，每年當那個失去對方的日子到來，你很可能會陷入混亂的情緒，這稱為

「紀念日反應」。當你身邊有人失去珍貴的人時，請諒解他們有這種紀念日反應，當那個日子到來，最好多花點心思陪他們度過。

第四，報告指出，有極少數經歷心理創傷或失去的人，在經過一定時間的情緒混亂後，智能水準反而會比經歷前有更高的內在成長。這是由美國心理學家喬治・博南諾（George Bonanno）教授所發現的現象，稱為「創傷後成長」。為了達到創傷後成長，必須能與某人談論創傷與失去、周遭的人給予情緒上的支持，同時也需要從經驗中領悟新意義的深思過程。寄託於宗教與靈性領域、擁有相同經驗的自助團體，也都會對整個過程帶來幫助。

進一步瞭解：和男女朋友分手的方法

根據柯林斯（Collins T.J.）和吉拉斯（Gillath O.）的研究，人們在向男女朋友提出分手時經常使用以下方法。希望你也能思考一下，自己使用的是哪一種分手方式。

以下是參考柯林斯和吉拉斯的研究，所整理出來的內容。[3]

——避免和對方見面。
——表示對方沒有任何問題，問題都在自己身上，或者說服對方，分手對彼此都好。
——直接告訴對方想結束戀人關係。
——折磨對方，讓對方先提分手（為了製造分手的原因，開始和對方起口角，做出惡劣的行為、提出過分的要求）
——讓周遭的人知道我想分手的消息，再間接傳到對方耳中。
——用社交網站或通訊軟體跟對方分手，或使用APP封鎖對方。
——等待適合分手的情境（放假等），再順水推舟分手。

CHAPTER

3

當然有可能

怎麼能這樣對我？

我是屬於會在人際關係中犧牲自己的類型，也經常聽到別人說我善良，我總是優先考慮別人，盡量不把自己的立場強加在他人身上。

可是，事情卻與我的付出背道而馳，要維持良好的人際關係真的好難。就算剛開始關係良好，但只要對方說出一句無心的話，我就會感到很受傷，關係疏遠的情況也反覆發生。

我對男友也是全心全意付出，漫不經心的他總是忘記家人的生日，所以我事先打聽了他家人的生日，在前兩天事先傳訊息提醒他，有時還會代替他準備生日禮物。要是男友有一點小感冒，我就算是熬夜工作，也會親自熬煮木瓜茶，裝在保溫瓶內拿去給他。

我從三個月前開始偷偷編織要送給男友的背心。因為想在聖誕節給他一個驚喜，所以我目測他的體型後，經歷了不斷拆開重織的過程，最後終於完成了誠意十足的禮物。

後來，引頸期盼的聖誕節到來，我懷著興奮的心情把禮物遞給男友，得到的卻是冷冰冰的反應：「哦，我什麼都沒準備耶……畢竟我本來就不做這種事。還有，雖然很謝謝你送我禮物，但我原本就不太穿背心之類的。穿在夾克內感覺很笨重，在室內穿又覺得悶，你怎麼不事先問我一聲啊？」

雖然我很想大吼：「我花了多少功夫才織完這件背心，你怎麼可以說這種話？」當場卻什麼話都說不出來，因為咄咄逼人不是我的作風。我帶著很失落的心情回家，忍不住為過去花在男友身上的時間和努力感到空虛。他怎麼可以這樣對我？我似乎該離開這個男人了。

體諒與期望的相互關係

你現在覺得很失落、很受傷，正處於氣頭上。

「他怎麼可以這樣？」
「是人就不該這樣對我吧！」
「那人不能這樣對我吧？」
「我付出了多少啊，他把自己想要的都拿去，卻只因為不喜歡而說出那種話！」

你很努力地成為帶著善意去替他人著想的「好人」，結果卻怎麼樣呢？你老是期望落空，越想就越覺得自己被反咬了一口，於是感到怒火中燒。時間久了，你甚至怪罪起相信那種人的自己，所以想放下對他人的期待、努力變得冷漠無情。被他人所傷，憤怒累積久了，最後找上門的就只有悲傷。

被曾經深信的人拋棄或背叛，猶如尚未穿上鎧甲之前就被長矛刺中般疼痛。碰到這種經驗時，會失去對人的信賴、不自覺地關上心扉，從這些角度來看，無疑是一大損失。或許，此時也有許多人像你一樣，對曾經深信的人感到失望，活在痛苦之中。

但首先，我想對你說的是，結果不好並不代表過去付出的努力就一文不值。在你想為男友付出的行為背後，有著珍惜兩人關係的情意，你為了讓這段關係更加美好，所以才會欣然投資時間與努力，朝著期望的方向竭盡全力。我希望你至少別忘了自己曾經喜歡那個人，而且一起共度的美好時光，也還猶如昨日般歷歷在目。

男友怎麼可以這樣？當然有可能了。假如你經常在被某人傷害後反問這個問題，就有必要停下來好好思考一下自己的性格。希望你第一步先想想，你在這段關係中「期待」的是哪一點。想必你在編織要送給男友的背心時，一定想像過他收到這份驚喜後大受感動的模樣。對某人懷有期待，而這份期待又能完全得到滿足，無疑是最完滿的結局，但有時期待會帶著通往失望的快速鍵。聽到他說「我不怎麼喜歡背心」時，你的期待落空，產生惆悵的情緒。**假如「期待」是銅板的正面，自然就有「挫折」在背面伺機而動。**

男友收到了一份心意滿滿的禮物，卻說出如此冷酷的話來，這種行為當然不可取，而且我也能理解你傷心、生氣的原因。只不過假如類似的事情一再發生，而且與他人的關係中也持續受到相同的傷害，你就有必要深入思考其中緣由了。

在心理學中，我們通常會著眼於受傷的人擁有何種「常識」。常識通常以「假如A，就應該B」或「當然應該怎麼樣」的形式出現，有人稱之為「責任」或「道德法則」。可是，當這種常識與為某人著想的行為、對某人的善意混為一談時，對那人的期待就會跟著上升。期待越高，也就越容易失望。

假如你認定自己的行為是為了那個人好，而且如果去問一百名路人，有九十名以上都會同意這是「好的」行為，你對於那人應該要表示感謝的期待也會跟著提高。換句話說，我們懷有的善意與期待會反過來折磨我們。

我們會下意識地相信，其他人的想法與自己差不多，但實際進行問卷調查，就會知道大家意見紛歧的程度令人瞠目結舌。針對同一個問題，也會根據報紙是保守派或激進派，產生喜歡或不喜歡兩種截然不同的意見。多數人贊成的某個提案，對其堅決反對的人也不在少數。這種現象之所以出現，原因就在於各人性格與成長環境不同，偏好的價值與看待世界的觀點自然會有差異。

心理學稱此為「主觀現實」。大部分在人際關係中出現的衝突，都是因為對彼此的世界理解不足，無法將真心傳達給對方所致。

每個人都透過大小不同的格子觀看世界。比如說，有些人把紅色、橘黃色、赤紅色都簡約為紅色，以鏤空的格子觀看世界，有些人則會根據明度和彩度，將紅色至少區分成五種以上顏色，用很細密的格子觀看世界。

可以接納每個人的差異到什麼程度，還有將這差異視為「不同」而非「錯誤」，正是維持良好人際關係的關鍵。**到頭來，願意認同與我不同的人，能夠合作到什麼程度，即顯現了那人的成熟度。**

認知治療師阿爾伯特．艾利斯（Albert Ellis）說明，使我們維持發怒狀態或更怒火中燒的，不是對方的行為本身，而是我們對於該行為的解釋，並將此稱為簡單好記的「ＡＢＣ理論」。儘管我們很容易認為，在產生衝突的兩人之間，是促發事件Ａ（Activating event）引起了情緒結果Ｃ（Consequence），但事實上引發負面情緒、使其加劇的關鍵要素，在於解釋該事件的個人信念系統Ｂ（Belief system）。這個信念系統是由個人認定的期待與常識所構成。

- 收到禮物就應該心存感謝。
- 就算禮物不合心意，也必須考慮到送禮之人的心意。

・沒有準備聖誕節禮物，即是不愛對方的證據。
・不想看對方臉色才送禮物，這種行為毫無意義。
・雖然內心很受傷，但當面發火是一種非理性的行為。

依照你的信念系統，假如男友重視與你之間的關係，收到心意十足的禮物後就應該感到高興、心存感激，但他卻沒有表現出這些反應，讓你覺得很失望難過。可是，信念系統果真是大家一致認同的常識與認定的價值嗎？假如你期待對方也信奉那一套「假如A，就應該B」的常識，並對此懷著很高的期待，你的失望感自然就越大。

不表示感謝的權利

心理學家會建議，如果將這種認定的常識改成以下適應性的說法，就能減少相同情況下產生的負面情緒：

・收到禮物的人表示感謝，我會覺得很高興，但不是非得如此。
・喜不喜歡我贈送的禮物是那人的權利。
・要是男友主動準備禮物給我，我會感到很開心，但如果真的很想收到，我可以主動開口。

・生氣時能坦率地告訴對方。

送禮物時，如果對方表示感謝，我也會覺得很開心，但世界上並沒有對方一定要感謝我的規定。**即便是花了再多心思所準備的禮物，對方都有不喜歡它的權利。**

「你來我往」是人際關係中經常發生的遊戲。若是對這個遊戲上癮，就會不自覺地產生期待，認為對方為我著想的程度要與我相當，並視此為理所當然。當這種期待碰壁時，就會朝對方發火或感到受傷。然而，要對方察覺這種期待是很困難的。

「我並不是想收到什麼報答，但至少對他人好五次，那人也總會表現一次誠意，這才是人之常情吧？」我們經常聽到身邊的人這麼說。

雖然能夠理解你對他人產生期待的心，但我仍想和你分享以下兩點：第一，會對你好的人，就算不對他抱持期待，他也必定會這麼做；第二，不會對你好的人，你期待越高，就越容易失望。內心沒有任何期待，對方卻出乎意料地對你釋出善意，你就會獲得全然的喜悅。

假如你經常為人際關係感到失望，不如事先將「你來我往」這個想法抹去，改成「單純給予」怎麼樣呢？許多人都是在不求回報的分享中找到了幸福。不過，要是真的覺得很難做到，那就請盡量避免單方面地想要付出什麼。此外，既然已經高高興興地付出了，就試著別期待獲得回報，或對此大發脾氣吧。

進一步瞭解：曖昧溝通與心理遊戲

美國心理學家艾瑞克・柏恩（Eric Berne）提出了「溝通分析」（Transactional Analysis，TA）的理論。根據這個理論，人際關係的問題都是因為在表面對話背後的不成熟「曖昧溝通」（ulterior transaction）與「心理遊戲」（psychological game）持續發生的緣故。

曖昧溝通

表面上對話內容似乎沒有任何問題，其中卻隱藏著各自感到不痛快的心思，這種背後的對話方式就稱為曖昧溝通。人際關係之所以產生問題，正是因為這種曖昧溝通搞砸了彼此的心情。

想維持良好的人際關係，就必須中斷這種曖昧溝通；想改善人際關係，也必須避免用「但是」或「可是」來接話。最重要的是，先理解對方想說的話，再用「還有我想補充的是……」的方式說話會大大加分。如果你正好和身邊的人關係尷尬，不妨思考一下，此時自己與那個人正在進行哪一種曖昧溝通。

	老闆	員工
表面對話	現在幾點了？	九點十分，怎麼了？
（曖昧溝通）	（你怎麼老是遲到啊？）	（不過是遲到一下子，有問題嗎？給員工的薪水那麼少……）

心理遊戲

溝通分析中提到的心理遊戲，經常會以曖昧溝通的形式出現。有很多人會在對話的背後隱含其他意圖，使其變成一種固定模式，導致雙方在不愉快的情況下結束關係。倘若你察覺某種人際關係模式反覆出現，那就代表你不自覺地在進行心理遊戲。舉例來說，有些人在面對異性關係時，一開始總是為對方犧牲奉獻，但因為沒有得到同等回報而失望，於是突然結束關係，這個人就是在玩「先犧牲自己，然後突然離開」的心理遊戲。現在的你，正在進行何種心理遊戲呢？

CHAPTER

4

明明是對方應該煩惱的缺點，為什麼卻是我在生氣？

「功」歸給主管，「過」在於我

我快被我們組長氣死了。仗著主管的頭銜來壓人也就算了，但工作全部丟給我做，功勞卻自己獨攬，我覺得他真的非常自私。

還有，明明剛開始做案子時就約定好的事，他卻翻臉比翻書還快，若無其事地改成對自己有利的說詞，還說他從來不曾答應過這種事，我真的快氣炸了。要是他在我寫的報告中發現一丁點小失誤，就怎樣都不肯通融。每當看到他像是逮到機會般，好面子地說自己過去總是睜一隻眼、閉一隻眼，就會想起過去不知道為了這種人做了多少事情而委屈得要命。

我認為受到這種待遇根本就不公平，也是不正確的，所以就向同事吐露了我的不滿，可是我的天啊！消息不知道是怎麼傳的，組長知道這件事後，把我視為眼中釘，更加變本加厲地折磨我了。

午餐時間，組長會明目張膽地只帶那些奉承自己的屬下去吃飯，若無其事地做出孤立我的幼稚舉動，甚至會在聚餐時，當著大家的面前惡意詆毀我。「我一定會好好看著，看你這種人是不是能在公司存活下來。」雖然覺得自己被威脅，也很忿忿不平，但我已經下定決心，無論組長說什麼，我都會無視他的存在。

以上欺下的主管

身為領薪水的上班族，也就是站在所謂「乙方」的位置上，大概沒有人從來不曾受過委屈，但俗話說「人在江湖，身不由己」，就算受了委屈，或者碰到不可理喻的事，也不能立刻辭職不幹，所以要表達不滿也就變得難上加難。在激烈的競爭中爭得頭破血流，好不容易才進到這家公司，難道是為了受到這種待遇嗎？一旦這種想法出現，很快就會陷入憂鬱之中，變得有氣無力。

我在這邊試著整理一下你對組長的不滿：

- 工作是我在做，功勞卻被組長獨攬，太不公平了。
- 不遵守約定是錯誤的行為。
- 過去表現良好，組長卻緊咬著一次的失誤不放，這是一種心胸狹隘的行為。
- 只照顧會阿諛奉承的屬下、排擠看不順眼的人，身為領導者不該有這種行為。

・隨便威脅部下是沒有禮貌的舉動，也是不該有的行為。

在你心目中，理想的組長想必是會認同認真工作的員工、遵守約定、包容部屬的缺失、不因個人偏好而對部下有差別待遇，也不會因為對方職等較低，就隨意對待對方或口不擇言的人吧？按照你的常識來看，組長的行為百分之百是錯誤的。如果向一百名路人詢問意見，至少會有九十名以上的人替你說話，也會覺得遇到爛主管的你實在太不幸了。

我能充分理解你的氣憤、委屈與受冷落的感覺。每一個對於職場生活懷著高度期待，希望能在會認同自己的主管底下愉快工作的人，都會對這種衝突狀況感到痛苦萬分。每天都要和令自己感到不舒服的主管打照面，又是另外一種煎熬了吧？究竟該怎麼處理這個情況才好呢？

能夠改變的，就只有我的態度

經過深思熟慮，認為實在無法忍受組長的態度，或者覺得每天都活在消耗生命的痛苦之中，考慮離職也是方法之一。因為，這種生活過久了，生活品質必然會惡化，不過，假如你無法選擇離職，那就請這麼思考吧：

第一，無論你怎麼做，組長都不會改變。如同前面所強調的，任何想改變某人的嘗試終究都會以失敗作結。無論是試圖將組長改變成你所期望的模樣，或者心想「為什麼組長只能這樣做，要是組長能改變一下就好了」，都請將這些想法徹底清除乾淨吧，接著試著思考，在這種情況下，最好的做法是什麼。不管你再怎麼努力，都無法改變他人，你能改變的，就只有你對待那人的態度。

第二，令你感到不滿的行為是那人的缺點，也是那個人的問題，可是你為什麼要因為他人的缺點而生氣呢？你可能會反問，那人造成了我的痛苦，生氣不是理所當然的嗎？我知道你很生氣，也希望自己的氣憤能夠被理解，但重點在於，對方的缺點是對方的事，應該為此感到遺憾的不是你，而是當事人。再進一步冷靜分析，就算你不向對方報仇，只要那人持續做出相同的行為，遲早都會為此付出代價，因為人的本性難移。應該為自身缺點苦惱的可憐人，正是那個人自己。

第三，很遺憾的是，有時就是必須接受世界不公平的事實。打從出生開始，我們的人生就不公平，因為根據出生在何種家庭，養育和教育機會就有差別，努力也不盡然就能通往成功之路。**有時，你必須拋開不公平的世界是否可取的價值問題，冷靜地接受這就是現實，並**

以務實的態度去尋找自己能做的事。放眼望去，在所有上班族中，能在主管面前暢所欲言的人又有幾個呢？

第四，請試著檢討一下，是不是你的個性或態度才導致與主管的關係惡化？你是不是以「所有人都應該要有的基本常識」為名，把你認為主管就應該、照顧部屬的價值觀強加在組長身上呢？還有，不是所有組員都和組長關係惡劣，這個部分也值得思考一下。站在你的立場上，可能會認為和組長關係密切的同事們是在阿諛奉承，但第三者很難知道組長和他們實際的關係如何。至少別陷入你自行設想的劇情中，對於尚未實際確認的事實，敞開胸懷往好的方面去想。就像你希望自己的價值觀能得到尊重，組長也有他的一套價值觀，即便你可能很難認同。

第五，除了和組長的關係之外，也請全面檢討一下你和主管們的關係。萬一你和其他主管的關係也不太好，站在主管的立場上，可能會覺得你這人很難搞。向站在客觀位置上的同事們諮詢，也不失為一個方法。

第六，如果想化解和組長的尷尬關係，比起一味抱怨，你有必要找個時間和主管直接溝通。因為心中已經有疙瘩了，無論和主管的對話是好是壞，都會對你造成影響，所以這件事肯定不容易，但在情況持續惡化、演變到無法挽回的地步之前，和主管聊一聊可能會帶來幫助。當然你可能會想，明明錯在主管，我在道德上沒有任何過錯，為什麼要由我來解決問題，但這種尷尬狀態持續下去對你也沒有好處，因此至少可以嘗試改善關係。當然，要不要與組長溝通，決定權完全在你手上。

進一步瞭解：自我主張的對話法1

有些人在人際關係中遇到不舒服的事情時，深怕會傷害到對方，或者自己可能會蒙受損失，所以不敢說出自己的主張，一直擱在內心醞釀。尤其是碰到對方的地位高於自己時，就只能更加小心翼翼。因此，在這裡要向大家介紹表達自我主張的對話法。

情境舉例

朋友借錢未還，又想向你借錢。

・消極性反應

——「（雖然手上有錢）怎麼辦？我也沒錢耶……」

・攻擊性反應

——「喂！你很不要臉耶，上次的錢都沒還，我要怎麼再借你錢？」

以上兩種是非主張式對話方式的典型例子。消極性反應無法清楚表達自身欲求，攻擊性反應則是在表達自身意見時又傷害到對方，這兩種方式都很可能會導致朋友關係惡化。那麼，能夠不傷害對方，又能確實傳達我的權利、意見、想法和感覺的主張式反應又是什麼呢？

・主張式反應

——「你是因為相信我才會拜託我，所以我很擔心說這種話會讓你失望，但我很重視和你之間的關係，所以我就坦誠以告了。不瞞你說，上次借你錢之後，我的手頭也變得很緊，這次如果再借你錢，我可能會對你產生疙瘩，所以這次恐怕有困難，希望你能體諒我的難處。」（若實際上手頭真的沒錢，老實說沒錢會比較好。）

自我主張式行為的具體意義 4

・不侵害對方的權利

——對方也有身為人的基本權利，有權說自己想說的話。

・不使對方感到不快

——雖然說話內容本身可能會使對方失望，但應該避免使用錯誤的說話方式，讓對方感到心情不快。

・表達自己的權利、欲求、意見、想法和感覺

——稱讚對方厲害的地方，向值得感謝的行為表達謝意，至於拒絕請求與要求、對方有令你不滿意的行為時，則表達你的遺憾。

CHAPTER

5

從討厭的人身上看見小時候的自己

討厭的同事

身為上班族的我，每次開小組策略會議時，都會因為自以為是的同事而感到痛不欲生。舉例來說，幾天前我正在說明行銷策略的點子，他卻突然插嘴挖苦我：「可是，之前不是說那個做法沒有效果，所以就放棄了嗎？根據最近經濟新聞的消費意願問卷調查結果，為子女教育奔波的四十歲世代女性中，有高達六十三．五%的人同意沒有多餘心思去關注抗皺保養品，您沒讀那篇報導嗎？」就連沒有主見的組長也偏袒他說：「你最近做了不少功課喔。」

我都還沒說完話，就插嘴裝厲害的同事真的很討人厭，還有在一旁敲邊鼓的組長也很冷漠無情。雖然內心很想用相同方式回敬對方，但我暗自告訴自己要冷靜。「我和那種在眾人面前詆毀他人的人不是同一個層次，我不是那種沒禮貌的人。不和這人往來、不加以理睬才是上上策。」只是，為什麼我的心情還是這麼糟呢？

我所討厭的人

生活在這個世上，不可能永遠都只遇到喜歡的人，但和討厭的人一起生活，就好像身穿一件燙得平整的襯衫，每天早上卻老是被某人濺到墨水般令人不快，也讓人心生煩躁。對大家來說，有幾種類型的人特別惹人厭，我們就來聽聽幾個例子吧：

- 把爽約當成家常便飯的人。
- 阿諛上位者，卻對無權無勢、底下的人口不擇言、出言恐嚇。
- 捏造八卦，誣陷他人。
- 炫耀父母有點錢、趾高氣昂的人。
- 需要時就不惜使出撒嬌攻勢，但不需要的時候就當你是陌生人。
- 明明表現好的時候也不少，但非得把舊帳翻出來指責的人。
- 每當開始做一件事時，就先散播負面想法的人。
- 凡事愛與他人比較，覺得自己做得不好的人。

每個人天生氣質就不同，加上成長環境各異，在人際關係中偏好不同類型是人之常情，只不過，如果對於特定類型的人反覆出現超乎一般程度的排斥感與厭惡感，這時就有必要問問自己了：

- 你特別討厭哪一種人？
- 討厭的人有哪些共同點？
- 和這種人在一起時，哪些方面讓你感到特別吃力？

．你從這些人身上反覆感受到的情緒是什麼？
．你通常都怎麼對待這些人？

上述問題的重點，在於從你特別討厭的人身上找出共同的「關鍵字」。從你的陳述來看，你討厭的是在別人講話時插嘴又自以為是的人。你大概會覺得，那位同事做出了應該被指責的行為，而且只要有常識的人都會同意你的想法，而且，往後反覆出現類似的情況時，你討厭這種人的念頭也會變得更屹立不搖吧？

也許你會覺得乾脆不和這種人來往才是聰明的作法，或是至少也要避免成為這種人，但在這邊我想問個簡單問題。假如這麼做之後，你在人際關係中真正獲得的是什麼？和你討厭的人打死不相往來，以及下定決心不活得像他們一樣，你因此變幸福了嗎？

要是繼續故步自封，搞不好你會把看不順眼的人的姓名持續從電話簿刪除，最後人際關係圈也會越來越狹隘。

折磨我的人，終究是我自己

想要過更幸福的人生，反倒需要藉由掌握你討厭什麼樣的人，進而發現在你的人際關係中最重要的要素是什麼。假如你覺得對某人恨之入骨，並且反覆出現這種情緒，請先將情緒反應，也就是說，把想要出聲指責或爭辯是非的心態暫時擱在一旁。因為雖然生氣是很自然的反應，但情緒激動時很難用理性去思考或想到事情的解決之道。同時，請你試著這樣做：

第一，請檢視在你討厭的樣子中，存在哪些共同的核心關鍵字。這個關鍵字可能會成為重要指標，告訴你在人際關係中最敏感，有時也是最脆弱的部分在哪裡。小說家金炯璟的散文集《一千個共鳴》中就曾提到赫曼說過的話：**「不屬於我們身上一部分的，就無法折磨我們。」**

我之所以會對某種特定型的人反覆產生拒絕感與厭惡感，大概是因為在潛意識或無意識中，他們的舉動碰觸到體內某種敏感的部分。

你特別討厭的那些樣子，可能正是反映你童年的自畫像。好比說，你體內隱約還對詆毀自己、獨占父母的愛的弟妹存有尚未消化的情緒，那麼你的內心深處也會像對待弟妹一樣，隱藏輕視他人、突顯自己的復仇心理。但就在你這麼做的同時，會與自己小時候感到痛苦萬分的模樣重疊，同時助長了我不能和弟妹一樣成為討人厭的人的信念。所以，每當你看到有人像小時候的弟妹做出討人厭的行為時，就會再次產生童年曾經有過的那種憤怒。

心理學把這種現象稱為投射。這種現象是指對特定對象的強烈負面或正面情緒受到壓抑，直到後來遇見與該對象具有相似特性的人時，很自然地將該情緒反射到那人身上，同時也會想努力將該對象與自己分離開來。

倘若過去經驗的情緒根源被埋藏起來，你卻對此一無所知，就很可能會在與特定類型的人相處時持續感到不自在，但不知其中原因。反過來說，倘若能夠知道自己的地雷區在哪裡、根源又是什麼，那麼就能去接納它，在這基礎上頭也就有了採取其他行動的契機。總之，只要明確理解自己特別敏感、脆弱的地方在哪裡，還有它源自何處，就有機會斬斷猶如反覆記號般持續出現的惡性循環，也能中止每次遇到特定類型的人時感到的痛苦萬分，或者進一步與這些人斷絕來往後，人際圈逐漸狹窄的惡性循環。

只不過有一點要留意，檢視自己的童年經驗有時會帶來痛苦，假如痛苦程度嚴重，希望你能向專家尋求幫助。此外你必須瞭解，對於自己的敏感區塊有新的體會，並不代表問題就能立即解決。將全新的行為套用到實際生活的過程，有時需要在錯誤中不斷探索，直到它們找到各自的位置之前需要一定時間。就算覺得變化很緩慢，但重要的是堅定地相信一切都在進行中。

第二，這次試著用有別於以往的方式去面對討厭的人。你選擇不向討厭的同事發火，反而決定以迴避、無視的態度面對，並認為自己在道德上比那個人優越，但假如你必須持續和那位同事在同一個小組合作，只靠迴避或無視是不夠的。這種方式很可能會讓彼此的芥蒂越來越深，關係更加惡化，因此有必要嘗試有別於先前的方式。

好比說開會時，假設他持續在你發言途中插話，至少你可以明確地表達：「我現在還在說話，希望你能等我說完再提出意見。」又或者告訴那位同事，他哪個部分讓你感到不舒服，並且設定不會傷及彼此的言行標準。重點在於，不加理會無法解決問題，所以需要做出新的嘗試或試著努力看看。

有些人可能會反問，造成問題的當事人毫無作為，為什麼我要為此付出努力？但此時做出新嘗試的行為，基本上不是為了那個人，而是為了替你感到不便的處境開闢一條新路。當然，如果在嘗試的過程中能增進彼此的瞭解，關係因此獲得改善，那自然再好不過，但假設結果不盡如人意，也不代表它毫無意義。至少你很積極改善現況，也獲得了期待對方可能有所作為的全新機會。**從零的角度轉到三百六十度，雖然處於同一個物理位置，但停留在原地的零度，與轉了一圈的三百六十度在本質上是截然不同的。**

進一步瞭解：自我主張的對話法2

讓我們延續前一章，介紹第二種自我主張的對話法。這次的內容會特別著重在不造成傷害，但又能表達自身情緒的方法。讓我們把「每次開會時因為同事打斷你說話而生氣」設為情境，進一步瞭解不傷及對方又能表達自己情緒的方法吧。

在令自己不自在的場合中，適當表達情緒的對話要領5

・做出理解對方立場、產生共鳴的反應

——「因為你（同事）分享了近期的統計數據，給了我們很大的幫助。」

・使用以我為主語的「我訊息」表現我的情緒

——「但我正在講有關行銷策略的事，卻因為你提到了統計資料，所以沒能講到最後，加上這樣顯得我好像很不瞭解最近的產業動態，所以感到很不舒服。」

・坦誠說出你（對往後）的期望

——「如果下次你可以不要中途打斷我，而是等我說完才提出意見，我會很感謝你。」

CHAPTER

6

父母不是說服的對象，而是需要理解的對象

保守vs.開放，如同父母vs.孩子

我和父母的關係很不好，我覺得父母過度保守，而且每件事的做法都很不合理。每次碰到選舉時，父母支持的候選人沒有一次是讓我滿意的，但我退讓了一百步，認為父母中意哪位候選人是他們的自由。

但是，當他們無條件地批評我支持的候選人時，我就會氣到受不了。我認為把自己的想法強加在他人身上是不對的，父母也應該認同這點，所以偶爾會向父母說明他們不理性的行為，但總會莫名演變成激烈爭論，大家越講越大聲，最後不歡而散。

對話從政治話題開始，最後演變成我和父母互相指責平時對彼此的不滿，之後則是進入一段互不對看的冷戰期。我後悔自己是不是不該提敏感的政治話題，也為自己對父母大小聲感到自責，但另一方面又覺得，我又沒做錯什麼，為什麼要由我來道歉？最後不僅冷戰無法輕易結束，內心也感到無比煎熬。

愛得越深，干涉就越多：干涉得越多，距離就越疏遠

前面我提到，嘗試改變年過三十者的行為都註定會失敗，比我們多活數十年頭的父母就

更是如此了。儘管如此，你曾試著說服政治立場不同的父母走向你認為合理、理性的世界觀，但你的努力走向失敗，而你也深受後悔與自責感折磨。

你必須正視父母不會輕易改變的事實。儘管父母與子女之間越是珍惜、深愛彼此，就越會干涉對方，但希望你能好好想一下，有必要以愛為由，為自己的價值觀辯駁，導致在說服對方的過程中造成彼此一再受傷嗎？

父母與子女發生意見衝突的例子不勝枚舉。無論哪個家庭，父母和子女之間的日常對話都不相上下，他們說話的內容大致是如此：

「找男朋友一定要找有信仰的人。媽媽活了這麼久，發現沒有宗教的人一定會背叛他人。我無法看到我女兒傷心流淚，這都是為了妳好才說的話！」

「去讀找不到工作的文科做什麼？去重考，讀醫學院才有前途！」

「你最好別肖想去唸什麼研究所。去工作至少一年可以賺三千萬（約台幣八十四萬多），要是你去唸兩年研究所，知道那機會成本有多少嗎？兩年年薪六千萬，再加上兩年生活費兩千萬，至少就有八千萬飛走了。拜託你動點腦筋生活，你以為我們是希望你這樣，才幫你付昂貴的大學學費嗎？」

「媽媽朋友的兒子去當軍官回來後，在大企業找到了工作。你學生時代的功課要比他好，但看看你現在在做什麼？看你連個實習機會都找不到，過得這麼辛苦，到底問題出在哪裡？唉，真傷媽媽的心！」

「你有交往的人嗎？你已經三十五歲了！現在結婚都嫌晚了，還挑什麼挑！」

「是啊，我們是沒為你做什麼，但也不能這樣無視父母吧？不是你長大成人就可以這樣對待父母！」

接下來是子女對父母說的話，你一定會覺得很耳熟：

「別管我好不好！媽又不會替我過我的人生，我有叫你生下我嗎？」

「我一定要去唸研究所，最近研究所學歷是必備條件。比起我，爸覺得錢更重要嗎？」

「我並不想成為法官，雖然依爸媽的期望考進了法學院，但這個領域並不適合我。這是我的人生，請讓我去做想做的事！」

「（媽媽已經準備好早餐，但孩子只是胡亂吃個幾口就跑出去。）我不是說沒時間吃飯嗎？還有，我到底要說幾次，我在減肥！」

「我不是叫您不要坐著擦地板嗎？您腰也不好，為什麼一直不肯聽話？上次我不是花了大錢，買了一台掃地機器人給您嗎？」

「媽，你就忍耐一下，爸這樣子又不是一兩天的事了。拜託請別再吵架了，要是真的這麼合不來就乾脆離婚吧。」

「哥要求什麼就答應他，為什麼我就不行？還有，媽別再講朋友兒子的事了，他是他，我是我，我也很痛苦！」

聽完之後，你是否先嘆了一口氣？雖然深愛彼此，卻對彼此感到失望；在盛怒下大吵之後，很快又感到後悔萬分；某一天彼此相安無事，隔天卻又再次出現裂痕。這種父母與子女的關係，就像在兩條平行線上奔跑似的。

因為父母與子女的關係比任何人都要親近，所以自然會對彼此抱持更多期待，也希望能獲得更多理解。一旦這種欲求碰到挫折，傷害自然也比其他關係更深。

名為控制與說服的努力陷阱

假如你此時正好與父母或子女產生衝突，就有必要注意接下來要說的事。首先，是和父母產生衝突時需要銘記在心的部分：

第一，父母絕對不會改變。以合理性為名義，要說服、改變父母數十年來猶如蜜蠟般牢固的思考方式，無疑是一種企圖引發衝突的行為。你必須接受「父母絕對不會改變」這命題，接著去思考「那麼我應該怎麼做？」反正改變不了，又何必引起紛爭，讓彼此感到不快呢？父母不是需要說服或改變的對象，而是需要理解的對象。

第二，請集中在父母想要傳達的真正意思上，並對此做出反應。父母與子女之間之所以產生衝突，原因之一就在於不是針對彼此話語中真正的意圖做出反應，而是立即對表面措辭產生反應。

正如同前面舉例的對話內容，「（媽媽已經準備好早餐，但孩子只是胡亂吃個幾口就跑出去。）我不是說我沒時間吃飯嗎？還有，我到底要說幾次，我在減肥！」這樣的說話方式並不是對媽媽真正的本意——不忍心看到子女生活這麼忙碌，想多少照顧一下孩子的心理——做出反應，而是對媽媽不理解自己沒時間、必須減肥的情況感到失望所做出的反應。在這種情況下，大可選擇其他回應方式，好比「媽，謝謝你一大早就替我準備早餐，可是我現在有點遲到了，所以必須趕緊出門。還有，我最近在減肥，所以可能沒辦法吃，對不起！」這種說法就是針對媽媽想照顧子女的真正意圖做出反應，所以幾乎不會像前面那樣互相造成傷害。

接下來是與子女產生衝突時必須銘記在心的部分：

第一，當你想對子女說出「你現在還小！說這些都是為你好！」時，請立刻停下來。子女如離弦之箭，箭要朝哪個方向去，必須由子女自己來決定。

請別只記得孩子小時候在自己懷中笑得很開心、接受照顧的模樣，把自己困在「有哪個父母希望子女沒出息呢？都是帶著望子成龍、望女成鳳的心情才這樣做」的想法裡。把子女當成小孩子，或者自己都是為子女好的心態越是強烈，就越容易想控制子女，如此一來，子女反倒會與期望背道而馳，與父母的關係漸行疏遠。

第二，試圖控制子女的行為終究會失敗。當子女不按照自己的想法去做時，父母經常會刻意引起孩子的罪惡感與撤回對子女的關愛。心理學認為，這是父母企圖控制子女的一種代表性策略。

如果你是會說「我們是怎麼拉拔你長大的？你怎麼可以這樣做？（引發罪惡感）」、「好啊，那你想做什麼就去做吧，不管你變成什麼樣，我們都不會管你（撤回關愛）」的父母，就代表想控制子女的欲求非常強烈，**但正如同許多父母無數次的碰壁經驗，想控制子女的努力往往只能以失敗收場。**

假如你正好面臨父母與子女之間的衝突，這可能會導致不穩定的依附關係，演變成一個懸而未決的課題。心理學在說明父母與子女的關係時，經常會使用代表父母——子女情緒連結的「依附」概念。孩子對父母，尤其是對媽媽這位主要撫養者的照顧需求、擔心與主要撫養者分開的分離焦慮或害怕被遺棄的不安，要比我們想像的更為屹立不搖。

從兒時親子關係形成的依戀，可分成安全型和不安全型。若是形成安全型依附，子女就會認定父母猶如一座隨時都能回去的安全基地，所以會克服分離焦慮，自然而然地學習到自律性與獨立性。相反的，如果形成不安全型的依附，即便長大成人之後，也會在人際關係中產生分離焦慮與害怕被遺棄的不安。

年幼的孩子想獲得父母的關愛與認可，是與自身生存直接相關也是很自然的欲求。無論基於何種理由，只要無法滿足這種欲求，它就會演變成懸而未決的課題。即便長大成人，也會試圖想從與父母的關係中去滿足它，或者出現透過他人來尋求替代性滿足的傾向。經歷不穩定型依附的人，在長大之後，有時也會出現必須摟著柔軟毯子或兒時的玩偶等物品才能入睡的特徵。

假如你此時正好和父母或子女產生了衝突，就必須去瞭解，這是從兒時累積到現在的未解課題所致，才導致同樣的衝突持續發生。只要多了這份理解，即便是現在，也能一起找到解決課題的具體方法。

進一步瞭解：依附的四種模型

根據個人在童年時與主要撫養者形成的依附類型，進而對自己與他人產生正面或負面的態度（或認知上的表象），從依附理論的角度來看，這叫作「內在運作模式」。下圖是依附理論研究者金・巴塞洛繆（Kim Bartholomew）和倫納德・霍羅威茨（Leonard Horowitz）提出的四種成人依附模型。

安全依附型會對自己與他人形成正面的態度；恐懼依附型則會對自己與他人形成負面態度；焦慮依附型是對自己形成負面態度，但對他人形成正面態度；排除依附型則是對自己形成正面態度，對他人卻形成負面態度。

左圖為巴塞洛繆與霍羅威茨（1991）提出的四種依附模型。[6]

		關於自己的想法（態度）	
		正面（依賴性低）	負面（依賴性高）
關於他人的想法（態度）	正面（迴避性低）	安全型依附（自律性與親密性）	焦慮依附型（對關係執著）
	負面（迴避性高）	排除依附型（迴避他人與無依賴性）	恐懼依附型（親密關係與拒絕敏感性）

CHAPTER

7

必須進一步探索內心

主管沒完沒了的指責

為了避免遲到，我連早餐都沒吃就去上班了，但就在我好不容易咬下一口吐司的那一刻……吃飯時，就連狗也不會來叨擾，主管卻嚷嚷著說辦公室有味道，害我因此噎到了。「不知道在辦公室吃吐司會有味道嗎？吃完再進來是基本禮貌吧？最近的年輕人真是令人擔憂啊！還有，說話聲音為什麼這麼小聲？早上沒吃飯啊？你就是每天只吃吐司填飽肚子，才會有氣無力。吐司又不能當飯，只能算是零食！」如果是指責我的過失，至少還不會那麼委屈，但對於外貌或性格等的批評真的很難令人忍受。我和主管之間的這場戰爭，好像非得有一人從公司離職才會罷休。

出社會至今，我多次深刻體會到，根據遇到什麼樣的主管，生活品質會有天壤之別。尤其是一上班就聽到主管叨唸或被數落，公司的天氣預報就會是「全日陰天」。問題就出在，即便時間久了，情況也不見有任何起色，但即便如此，一意識到無法立刻離職不幹，馬上就會陷入低潮、變得有氣無力。

覺得煩躁不已，卻只能一再忍耐，但主管不像是會改變，也不能馬上換工作……每天都覺得透不過氣。

他人的喜好，影響到我的生活品質

周圍的人經常聽到主管發這些牢騷：

「我不是叫你別在辦公室打開濕答答的雨傘嗎？空間本來就夠窄了，你就不能聽從一下主管說的話嗎？這又不是多難的事！」

「欸，你沒看新聞說，如果用三合一咖啡的塑膠袋去攪拌咖啡，裡面會沾到化學物質，會危害健康嗎？不是有放一根湯匙了嗎？我們活得像個文明人一點吧！」

「早點出門行不行！你一定要時間算準了才上班嗎？早個十五分鐘來公司，事先檢討今天要做的事不是很好嗎？要是真的沒事幹，好歹也冥想一下嘛！」

「你一定要一大早就擺出臭臉嗎？好像隨時都有不滿似的……表情開朗一點！就算在家發生了什麼不好的事，這裡還是你工作的地方，表現專業一點好不好！」

「頭那麼大一顆，怎麼點子這麼少？看你說話，感覺就像不經大腦思考就說出來了，你的大頭何時才要派上用場？」

「每個人說話時，你就非得頂嘴不可，你這項能力還真是驚人。放著九十九個優點不講，就非得講一個不好的。唉唷，金代理這麼可怕，我怎麼還敢說話？現在就連主管都要看部屬的臉色囉。」

當主管說出以上的話時，你之所以會生氣的原因大致如下：

- 與工作無直接關係的牢騷並不恰當。
- 自己的外貌、性格、行為等被別人拿來品頭論足，任誰都會感到不爽。
- 主管濫用職權，試圖將自己的價值觀或偏好強加於他人身上。
- 一大早就說些不中聽的話，不是一個優秀領導者該有的樣子。
- 要是對主管頂嘴，往後在公司會很難混下去，所以只能再三隱忍。

在這些要素裡頭，最讓你感到怒火中燒的是什麼呢？當然這些都是相關的內容，不過請你思考一下，在主管的言語、態度、行為中哪個要素讓你最不舒服，要怎麼回應他就會比較有頭緒。

有些人會對主管干涉與工作無關的領域不爽，有些人是對於被冤枉而大為光火，還有些人則是對於自己感到煩躁不已，卻只能緘默忍耐的處境感到生氣。

隱藏在我體內、懸而未決的課題

在你感覺不舒服的情緒中，最核心的想法是什麼？讓我來介紹一下，有助你理解這點的認知治療法。

這個方法是由認知治療師大衛・伯恩斯（David Burns）博士所發揚光大，它是將焦點放在浮現於內心表面的問題上，以垂直的方式去探索內心深處，從這個角度來看，又可稱為「垂直箭頭法」（vertical arrows technique）或「向下箭頭法」。

讓我以上面其中一段對話來說明。

主管：「你一定要一大早就擺出臭臉嗎？好像隨時都有不滿一樣……表情開朗一點！就算在家發生了什麼不好的事，這裡還是你工作的地方，表現專業一點好不好！」

我：（一大早就不爽。）

乍看之下，主管的話中的確有很多讓「我」這個部屬很不舒服的地方。主管對「我」臉上的表情給予負面評價，在「我」身上貼上不滿主義者的標籤，更進一步將「我」看作不專業的人。但即便是相同的話，根據「我」個人的特性，煩躁情緒中的核心要素可能會不同。要是不能準確掌握這點，持續被困在煩躁的情緒中，就很難對自己的情緒或情況作出適當的回應。

讓我先來說明一下垂直箭頭法的步驟。

第一，請先思考一下，上面例子中自稱為「我」的部屬為什麼會感到不爽，並且試著說出想到的內容。為了方便，我們可以假設第三者或「我體內的另一個我」正在向「我」提問。

主管：「你一定要一大早就擺出臭臉嗎？好像隨時都有不滿似的……表情開朗一點！就算在家發生了什麼不好的事，這裡還是你工作的職場，表現專業一點好不好！」

我1：（一大早就不爽。）

提問者1：「主管說的這段話為什麼會惹惱我？」

我2：「我想擺出什麼臉是我的自由，真不曉得你有什麼權利指責我。我對公司沒有什麼特別的不滿，工作表現也很專業，你對我是有多瞭解，在這裡對我品頭論足？真倒人胃口。」

第二，簡單歸納一下「我2」的反應，將重點放在想像這件事反覆出現時，哪一點特別讓你感到痛苦，然後再次提問。

提問者2：「雖然感到很遺憾，不過請你想像一下，假如明天又發生這種事，哪一點會讓你特別感到不舒服？」

我3：「完全沒有理由被指責或被指指點點，所以覺得這樣講很不合理也很冤枉，火氣也跟著上來。」

第三，簡單歸納一下「我3」話中的主要內容，然後再次詢問假如這種情況反覆發生，哪一點特別讓人感到不舒服。經過幾次提問的過程，就能更深入理解內心感到不舒服的實際原因。

提問者3：「這種感覺產生時，一定覺得很不舒服吧？雖然感到很遺憾，但假如我說，那位主管就是個會不停抱怨的人，也不具有公司員工該有的基本素養，有哪一點讓你特別感到不舒服呢？」

我4：「感覺是用職權來壓我，平白無故被誤會的情況惹火了我。」

提問者4：「雖然感到很遺憾，不過假設位居上位者對你有負面評價的委屈情況持續發生，哪一點會令你感到特別不舒服呢？」

我5：「嗯……即便受了委屈也不能發脾氣，這點讓我感到無力。高中時，數學老師曾在大家面前說我的臉就像一個正方形，我一時氣不過頂嘴回去，最後卻被罰在教務室下跪，看著來來往往的老師，我覺得丟臉丟到了家。」

提問者5：「受到委屈卻不能發脾氣，尤其是在他人面前丟臉的感覺，似乎是金代理你最在意的事。」

觀察「我5」的反應，可以得知與剛開始的「我1」所提及的感覺有些不同。「我1」所感受到的不舒服，在於無法對抗具權威者的評價，因而感到有氣無力，還有對自己在他人眼中的模樣感到羞恥所致。也就是說，這個部分成了懸而未決的課題，導致主管的指責成了你特別敏感的地雷區。

當然，這裡舉的例子不過是假設，而且每個人感到不舒服的核心要素各不相同，但**重點在於找出令自己特別感到不舒服的核心要素，也唯有掌握這點，聽到令人不快的話時才不會過度反應，進而走向思考該如何回應的階段。**

垂直箭頭法的步驟歸納如下：

❶ 寫下某事件發生時，自己感到不舒服的心情。

❷ 將重點放在想像這件事再次發生時，哪一點特別讓你感到不自在。

❸ 問題2的回答可能會和問題1多少相異，卻更接近核心。請再次思考，揭開問題2的回答後，是哪一點特別讓你感到不舒服。

❹ 透過反覆此問答過程，循序漸進地探索在表面不舒服的感覺底下，是何種核心想法在運作。

進一步瞭解：垂直箭頭技巧

以下是實際使用垂直箭頭法的例子。請實際運用垂直箭頭法，在下方空格中寫下最近令你感到不舒服的事情。

情境舉例

沒有自信能進入顧問公司，為此苦惱不已的學生。

學生：「我就讀企管系，現在是大四下學期了，雖然我很希望能進顧問公司工作，但沒有信心能以目前成績錄取。」

提問者：「如果無法進入那間公司，為什麼會讓你感到苦惱？還是這件事對你來說具有什麼意義嗎？」

學生：「無法進入顧問公司，就表示我不能學以致用啊。」

提問者：「無法學以致用，這點為什麼會讓你感到苦惱？」

學生：「無法學以致用，就表示至今投資的時間、金錢、學到的所有知識都成了無用武之地的東西。」

提問者：「我對此感到很遺憾，不過如果過去的投資全都化為泡沫，又為什麼會讓你感到苦惱呢？或是說這對你來說具有什麼意義呢？」

學生：「因為我的家境並不優渥，加上父母好不容易才替我繳交了大學學費，也對我抱持很大的期待，所以我很怕會讓他們失望。」

提問者：「讓父母失望之於你的意義是什麼？」

學生：「我會愧疚到不行，感覺自己就像一無是處的兒子，感到非常痛苦。」

雖然起初這名學生是擔心進不了顧問公司，但運用垂直箭頭法後得知，核心的恐懼是害怕成為讓父母失望的失敗兒子。提問者的角色可由他人扮演，也可自行扮演。

垂直箭頭法實際運用

第一階段：請試著寫下最近在擔心的事。

↓第二階段：假設這件事實際發生了，你為什麼感到不自在？

↓第三階段：假設上面寫的情況成為現實，你為什麼感到不自在？

↓第四階段：假設上面寫的情況成為現實，你為什麼感到不自在？

↓第五階段：假設上面寫的情況成為現實，你為什麼感到不自在？

↓第六階段：比較第一階段和第五階段寫的內容後，試著寫下感想。

CHAPTER

8

究竟怎樣才叫作「適當」？

不受歡迎的人

每次和社團的朋友們聚會完，我總會後悔自己是不是話太多了。因為當我在講話時，看到別人露出無聊乏味的表情，就會萌生「不應該是這樣啊」的想法，結果反倒拉高嗓門，變得更滔滔不絕了。

所以不久後，再次參加社團聚會的我抑制想說話的衝動，從頭到尾幾乎都沒有開口。雖然大家看到我有別於先前的樣子後，露出了有些納悶的表情，但很快的就開始各聊各的了。我頓時莫名有種被排擠的感覺，心情盪到了谷底。我帶著失落的心情回家，同時心想著某某時候應該說出某句話才對，很遺憾地喃喃自語著。

接著下次聚會時，我徹底失去了自制力，說了比以往更多的話。上一次聚會時忍耐沒說的話如水庫洩洪般爆發。雖然大家看到我的樣子後嚇了一跳，但過沒多久就又開始各做各的事了。那天結束聚會後，我走在回家的路上，心情從失落轉為有氣無力。啊，我就不能少講點話嗎？要是按本性過活，就會講太多話，但想要克制自己，又覺得快憋死了……究竟講到什麼程度才叫適可而止呢？

在極端擺盪的雲霄飛車

現在你對於「究竟什麼程度才叫適可而止」，也就是說對「程度」的掌握有困難。大部分的人都有著相似的困擾，好比說：

「要多經常對自己愛的人說我愛你呢？說得太頻繁，對方好像會聽膩，但太少表達，對方可能又會覺得愛情冷卻了，到底要說到什麼程度才好呢？」

「要對客人親切到什麼程度呢？要是表現得太過親切，擔心可能會引來不必要的誤會，但如果表現得太過一板一眼，客人又可能會覺得我沒人情味。怎麼樣才叫作適當呢？」

「我該怎麼對待沉迷線上遊戲的孩子呢？要是把孩子控制得死死的，看到他垂頭喪氣的樣子，又會覺得不忍心，但如果放牛吃草，又擔心孩子不讀書、只顧著玩遊戲。到底要對孩子多嚴格才對呢？」

人生應該怎麼活下去呢？假如這道問題有固定的答案，我們能夠只走最有效率的路，那該有多好呢？但很可惜的是，人生存在著過多的變數，而要接受只能從錯誤中學習卻又如此難以接受。究竟要做到什麼程度才算是剛剛好呢？

假如以一（幾乎沒有講話）到一百（在聚會上幾乎是自說自話）來替你說話的程度評分，你等於是在一分到一百分之間玩翹翹板。今天是一分，明天是一百分，接下來再次回到一分，像這樣在兩個極端來回久了，就找不到你能夠喘息的空間。

那麼，什麼程度叫作適當呢？七十分？或者三十分？觀察一下大部分人碰到這種情況時的做法，就會發現大家都很努力想從一到一百分之間找到適合自己的程度。有些人滿足於四十六．五分，但另外一些人至少要達到七十二．五分才會覺得自在。為了找到讓自己自在的平衡點，今天也有許多人持續不懈地在錯誤中探索。

尋找心靈平靜的座標

乍看之下，唯有透過不斷嘗試，才能找到令自己自在的平衡點，除此之外別無他法，但每種情況又有所差異，所以也就更令人苦惱。因為在社團的人際關係、家人之間的關係、和主管的關係中，無法靠同一套標準獲得同等的滿足感。

搞不好起初這個問題就很難靠單一面向的分數（一分到一百分）找到適當的水平線。由兩個極端的點（一分和一百分）構成的單一平面，也就是說，無法單靠x求得適當的座標。為了求得座標，需要有能與x平面區分的其他平面，意即要有y的存在才行。這與國中學習數學的直線方程式時，經常看到的函數問題是類似的。

$y=2x+8$時，x值為？

突然出現數學算式，是不是讓你驚慌了一下？想起以前上的數學課，你會回答「$x=(y-8)/2$」，但假設x是質數，那麼這下就尷尬了。因為有兩個未知數時，至少必須確定其中一個未知數，才能確定另一個數值，但我們現在卻不知道y是多少。舉例來說，假設y為16，那麼x就等於$(16-8)/2=4$。換句話說，由x和y所組成的二元平面上，當y的數值確定了，才能求得x的數值。

假設在聚會中講多少話是x平面好了，那麼就必須找出能夠與其區分的另一個y平面。y平面可以有好幾個，舉例來說，我們先把你認為判斷有沒有必要講那句話當成y平面。

假如你認為說這句話很重要，那麼不管說話分量多少，直接把它說出來就對了；但萬一不是那麼重要的話，就算非常簡短，也將它省略不說，那麼你就能擺脫究竟要說多少話才對的問題。換句話說，把你正在煩惱的適當說話分量（x）和判斷此時需不需要講這句話（y）一起考慮時，問題就能迎刃而解。當然，其他種類的y平面也可能存在。[7]

我們用相同方式來看一下，在超市工作的人苦惱要對顧客多親切的例子。我們可以假設x平面為親切程度，但光靠單一平面去思考，煩惱可能會延續下去。幫助擺脫這個煩惱的全新y平面會是什麼呢？好比說，y平面可能是堅持替顧客解決具體問題直到最後的態度，但避免表現出多過職場規範以上、涉及私人層面的親切感。

再舉一個例子。假設你是喜歡對他人提出建言的人，每次都為該提出建言到什麼程度才算恰當而苦惱。

假如此時提出建言的程度為x，能解決這項煩惱的全新方案y則在於判斷當你提出建言時，內心是否會產生自己比對方優越的快感。假如會的話，最好停止提出建言，因為在這種情況下，對方大部分都會感到不舒服，而且也很可能毫無效果。

另一方面，假如提出建言的同時，可以充分理解那人的立場，你也會對此感到心痛，那麼提出建言也無妨。因為在這種情況下，你想幫助對方的真摯誠意很容易傳達給對方。

許久前，身為分析主義的精神分析學者榮格（Carl Jung）就使用了「超越功能」的概念。他運用這項概念，強調人在兩種互相衝突的極端之間橫衝直撞時，替內心找到得以平靜停泊座標的重要性。請來吟味這段話吧：

為了讓人類的精神世界中相反的極端條件或態度合而為一（又或者是想化解與帶來和諧性），需要使用第三種全新的力量來統合。意即，需要跨越相反的兩個（單一）平面，擁有允許嶄新態度或關係進駐的超越功能。[8]

進一步瞭解：尋找屬於我的Y軸

假如你正在煩惱要如何找到目前的座標，就請參考下方舉例，填寫下面的空格吧。

情境舉例

難以掌握聚會中要講多少話才適當。

・x平面

——在聚會中講話的程度。

· y平面

——假如三思過後仍認為有必要講出來，那麼不用顧慮說話分量有多少，講出來就對了，但如果不認為如此，那就適時閉嘴。也就是說，去思考是否有說這句話的必要性。

· 考慮點

——錄下自己講的話，聽完後檢討一下是否有說出的必要性。

情境1

· X平面

· Y平面

·考慮點

情境2

·X平面

·Y平面

·考慮點

CHAPTER

9

善意並非有來有往

把別人的好意當成了權利

我在公司是一名組長，最近帶領組員時多了很多煩惱。問題就在於我還是一名小組員時，主管們做出了很不合理的行為，也經常用職權來壓人。準備專案時，他們什麼事都不做，卻常常對我熬夜做出來的企劃案挑三揀四，但等到聽到理事們對企劃案好評連連時，就會急著邀功。看到主管這種樣子，我總會下定決心，往後要是升上組長，絕對不要像他們一樣。

升上組長後，為了不要當個高高在上、做事不合理的主管，我比其他員工更早上班，寫企劃案時也總是以身作則，攬下大部分的工作。看到這樣的我，組員覺得很陌生，但很快就給予正面的反應，所以我也感到很欣慰。可是，用這種方式處理工作久了，組員開始變得懶散，凡事都只等我去做。即便身為組長的我還在加班，組員也會說自己有約，傍晚六點就準時下班閃人，即便我人在場，他們也會不以為意地大聊特聊。

長期以來，我已經很習慣公司位階分明的氣氛，所以不太能理解這種狀況。我原本希望用民主的方式來帶領組員，整件事卻和我的用意背道而馳，感覺組員好像無視我的存在，怎樣也甩不掉不快的感覺。這種情況，恰巧是電影台詞「當好意持續，別人就誤以為是權利」

的最佳寫照。

像這樣想擺脫舊習與權威、實踐合理民主卻慘遭挫折的例子不勝枚舉。

在婆家忍氣吞聲多年，她發誓自己絕對不要像婆婆那樣，所以凡事都替媳婦著想，深怕媳婦有一丁點不舒服。每逢過年過節，她總會先替媳婦上街買菜，事先煎好煎餅，也將家裡打掃得乾乾淨淨，結果媳婦過節前夕回婆家的時間越來越晚，甚至到節日當天早上才回來。她看著認為準備過節理當是婆婆的責任，還以「媽媽最棒了！」一句話就想打發過去的媳婦，頓時有種恍如隔世之感，也覺得媳婦越看越討厭。

想要繼續維持好婆婆的形象，但必須按捺心中疙瘩的成本太過龐大，但如果突然性情大變，回到嚴厲婆婆的形象，那麼過去對媳婦的好就等於付諸東流。最後，她想起了自己變成雙面人婆婆，特別是自己過去最討厭的婆婆模樣，所以一直深受其擾。她是真心想善待媳婦，但為什麼會出現這麼令人心碎的結果呢？

再來聽聽另外一個例子。有一名剛當完兵回來的復學生，復學後發現大部分一起聽課的同學都是小自己好幾歲的學弟妹，後來也和他們一起準備小組報告。小組報告時，復學生想起過去看到那些把工作全部推卸給學弟妹，只會搭順風車的人而感到不爽的記憶，下定決心自己絕對不要變成那種學長。所以他在小組報告時發揮領袖的精神，自告奮勇說要完成這個報告。

可是，學弟妹們就連自己分配到的、難度不怎麼高的工作都不想做，老是想投機取巧。要是斥責學弟妹，擔心會變成擺架子的學長，但要是忍氣吞聲，自己要做的工作就會不斷增加。他覺得自己被學弟妹看扁了，聽到學弟妹只會說「謝謝學長！」卻什麼事都不做，感覺就像被利用了，所以內心很不痛快。希望能以身作則的他，難道是因為沒有主見，才會導致這種結果嗎？

要是一向表現善意的人突然發火，想必對方會覺得很錯亂，也會感到很委屈，如此一來，你反倒會被說成是雙面人。站在你的立場上，一定是啞巴吃黃蓮、有苦說不出吧！有很多時候，大家很容易習慣對自己方便的處境，而不知道對方做了多大的犧牲。碰到這種情況，你甚至會忍不住想投「人性本惡」一票。

只對家人和親近好友敞開心房、表現善意是合理的選擇嗎？又或者是慎選有資格得到善意的人，只和他們交好呢？假設你把這件事告訴親近的人，他們一定會說那是你心太軟了，起初就不用對他們這麼好，但那並不是你所追求的目標。究竟該怎麼做才好呢？

練習不期待對方的反應

你之所以會持續感到不舒服，代表你向對方表現善意的方式未出現效果。假如你持續對於自己的好意被視為理所當然而感到不舒服，最後這件事就會對兩人的關係產生負面影響。不是立意良好，就一定會得到好的結果。

搞不好對方還會得寸進尺地反問，他哪有要求你對他好。聽到這種話後，你一定會更大為光火吧？雖然你不是有意如此，但你的好意可能會導致對方無法從健康的人際關係中學到應有的責任感，或者無法對自身的選擇負起責任。

如果希望你的善意不會被人糟蹋，第一你必須區分要釋放善意的對象。選擇不是只有無條件對所有人好，又或者拒所有人於千里之外。

重點在於區分要對哪種人釋放善意。假如那些利用你的好意並企圖從中獲取利益的人持續讓你感到不舒服，那就沒有必要再對他們好了吧？假如對方懂得感謝你的好意，也懂得有所回報，那麼持續釋放善意也很合情合理。說到底，解答不在於要不要釋放善意，而在於區分要對誰釋放善意。

任何人都無法改變他人，即便你是出自好意，但人們很自然會用自己習慣的方式做出反應，這是你靠持續表現善意也無法改變的。原本就會為他人犧牲的人，就算你不特別表現善意，他也會對你好；天生就自私自利的人，即使你再怎麼表現善意，對方也很可能本性難改。

第二，假如必須表達善意的對象是家人或你必須悉心經營的人，那麼可能很難將關係客觀化並保持適當距離，同時，無論有任何理由，他們也都是無法說放棄就放棄的關係吧？但即便是這種情況，也有必要從現實的角度去正視，在你表現善意後的結果是什麼。

假如你的善意與期待背道而馳，最後讓你深感挫折，使雙方關係惡化的話，意味著你的態度也需要做些改變。

舉例來說，現在不是反覆發生對方雖然沒有要求，但你先以自我犧牲的方式處理事情後，對方卻沒有認同你的犧牲或對此表示感謝，導致你感到挫敗的過程嗎？若是如此，停止表現善意才是合理的作法，等到對方要求協助時，你再拿出自己的善意，而且最好也是點到為止。

寫這篇文章時，我忍不住為人情冷漠、無法信賴彼此善意的現實嗟嘆。倘若我們人生中存在著奇蹟或奧祕，就會相信自己是被他人的關心與體諒所包圍。假如你覺得要區分對哪些人表現善意、對其反應做出評估的作法太過斤斤計較，這不是你所期望的人生樣貌，那就必須練習在表現善意之後，放下對對方會出現何種反應的期待。

更一步瞭解：試著分析善意帶來的結果

情境舉例

做小組報告時，雖然學弟妹沒有要求，但仍以身作則，獨自攬下許多工作，結果學弟妹卻很自私地想敷衍了事、蒙混過關。

・意圖與想法

——我不想成為將工作推給學弟妹、討人厭的學長，也想做個好榜樣。

——當學長以身作則時，只要學弟妹有良心，就應該一起努力，這才是人之常情。

・情緒與行為結果

——沒人理解我的好意，感覺自己遭到利用，所以感到很失落、忿忿不平。

——不想和這些人一起做功課，也下定決心，再也不要先表現善意。

・轉念或其他作法

——學弟妹沒有主動要求時，不先犧牲奉獻、表現善意。

——既然是共同作業，分工合作才合理。

——表現善意是一碼子事，學弟妹怎麼做是他們的自由。

情境

・意圖與想法

・情緒與行為結果

・轉念或其他做法

CHAPTER

10

過我想要的人生都來不及了

他們唱著屬於他們的歌曲

我算是很在意別人的類型。還是學生時，只要碰到考試期間，我就會緊張得連跑好幾次廁所，直到考試時間開始為止。要是監考官中途站在我周圍，我就會覺得他是在盯著我，忍不住心跳加速、汗水直流，肚子也跟著痛了起來。

經歷國高中、上了大學之後，這種症狀依舊沒有改善。雖然朋友們都知道我是個凡事都很認真的人，但我擔心他們知道我深受焦慮不安折磨的真實面貌後會感到失望。還有，每當翹課的同學向我借筆記時，我都有種被利用的感覺，覺得很討厭，但如果不借給他，又擔心會被看成自私的人，所以只能假裝很爽快地出借筆記。可是，要是看到那位同學的成績比我好，心情就會不住地往下沉。

即使是成為大學生後，只要和指導教授碰面或被教授看到，我就會忍不住緊張起來。自從聽到指導教授喜歡全心全意做研究、不會一心二用的學生，我就變得很膽戰心驚，深怕自己接家教的事會傳到教授耳中。要是碰到要去家教，卻臨時安插研究聚會時，就會手忙腳亂地更改家教時間，嚇得冷汗直流。隨著這種情況反覆出現，最後我只好辭掉家教工作。

在研究聚會時的對話也是，我總會很小心翼翼地觀察教授的表情變化，深怕教授會覺得我是個沒料的學生。偶爾教授稱讚我的點子時，我就會高興得像是飛上天似的，但很快地就又被必須一直想出好點子的壓力包圍。幾天前，教授無心地說出「現在該認真點啦！」時，一方面雖覺得是因為寫論文的時間到了，所以教授才會這樣說，但另一方面又惶惶不安，會不會是因為自己做得不好，教授才會出言提醒，意志變得很消沉。

某一天，我去參加久違的高中同學會，在大企業工作的朋友問我論文通過了沒，聽到那句話，我覺得對方好像是在指責我，到這個年紀了還在摸魚打混。那句話在我的腦海中盤旋了好幾天，我覺得自己成了一無可取的人，心情一直很差。

碰到過節回宗家祭祀時，只要母親說一句「衣服穿像樣點再出門」，我就會忍不住想，平時母親或親戚是否認為我是很邋遢的人，所以內心很受傷。再加上回宗家時，我總會擔心不知道又會聽到什麼話，巴不得能掉頭回家。

渴望得到他人認同與愛的人

想必每人都曾苦惱過這種問題，特別是在韓國這種認為與他人關係很重要的集體主義文化、重視體面和禮儀的文化，以及只記得第一名的競爭文化下，他人的評價成了極為敏感的問題。

想在他人面前呈現美好的形象、獲得認可，是每個人很自然會有的欲求，但如果這種欲求過度了，以致妨礙到日常生活，就有必要慎重地思考一下。某人說的一句負面話語在腦海中盤旋不去，為此感到煎熬，或者站在比我地位高或具權威性的人面前時，擔心自己會犯錯而失去青睞，所以總是戰戰兢兢、畏畏縮縮，那麼與人來往時就會變得渾身不自在，自信心也會大打折扣。

人文主義心理治療學者卡爾・羅哲斯（Carl Rogers）說明，人之所以會有精神上的壓力，原因就在於評價自己好或不好時，不是將根據放在自己身上，而是放在他人如何看待我。換句話說，唯有在每個人認為自己是個不錯的人時才會感到幸福，但如果在評價自身價值時，過度依賴他人的認同或愛，就會不時看他人眼色行事，也會因為焦慮不安導致幸福感下降。羅哲斯稱此為「被（他人的認可或愛）制約的自我價值感」。

我在諮商時，也接觸到很多案例過度在意他人認可與評價，而不是將重心放在自己想要什麼，或者傾聽內在的聲音。只要聽到有人說了自己什麼不好的話，就會花很長時間反覆咀嚼、為此感到痛苦不已。為什麼自我價值感會被他人的認同和愛等外在因素所制約呢？

一定是有什麼原因，才會導致你對他人的評價很敏感。為了找出原因，讓我們先假設一下小時候可能導致過度依賴他人稱讚或評價的情況吧。

小學一年級時，你在第一次算數考試中拿到一百分，回家後媽媽給了你一個大大的溫暖擁抱，對你讚不絕口，還煮了你最喜歡吃的辣炒年糕。可是，下一次拿到九十分回來，媽媽卻用很冷漠的口氣數落你：「這些不是都和媽媽一起解過的題目嗎？為什麼這麼粗心，連會的題目都錯了？你以後算數習題都一定要算過兩次，晚上也禁止你再看電視！」年紀很小的你被媽媽冷冰冰的態度嚇到，也覺得很難過，所以一個人躲進房裡偷偷哭了。你很用功讀書，接著又在算數考試中拿到了一百分，媽媽也再次回到了溫暖和藹的模樣，為你成了令人驕傲的兒子而鬆了口氣。

但是，「假如下次不能拿到一百分怎麼辦？」的不安開始在你心中萌芽。當這種事情反覆發生，「媽媽只有在我拿到一百分時才會愛我」的想法就會在心中落地生根。

就讀國高中的期間，除了媽媽的評價之外，你也會逐漸對老師和朋友們如何看待自己變得很敏感。你會在潛意識中尋找能夠獲得老師稱讚或在朋友們之間受歡迎的方法，依此採取行動，卻越來越說不出自己想要什麼。

雖然這只是假想狀況，不過為了找出你期待他人認同的原因，你有需要像這樣回顧兒時的記憶。

若將你形容成一台汽車，那麼可以說你的處境和應該往前全力奔馳的汽車卻在原地空轉的情況相似。在無法往前進的狀態下，只是在徒增消耗罷了。無法接受自己此時的模樣，卻也無法朝想要的方向奔馳，只能將能量消耗在他人對我的期待，還有怎麼做才能使他人高興上，這種空轉的人生，自然不可能會感到幸福。

能定義我的人，只有我自己

搞不好，此時你正打定主意，往後不要再被他人的認可所束縛，要成為一個獨立自主的人。就算內心會受他人的負面評價所動搖，不自覺地看他人眼色，也沒必要義憤填膺，因為每個人或多或少都會如此。沒有人能完全擺脫他人的認可和愛。想獲得某種程度的認可或愛，是人類的本性，因此期待他人的認可本身並不是問題，只不過當它一再超出一定範圍、讓你感到不自在時，就有必要好好想一下了。

請別讓他人來決定你是什麼樣的人。世界上能定義你是誰、做什麼比較好的，就只有一個人——那就是你自己。世界上存在著形形色色的人，就算你身上穿著再時尚的衣服、做的事情再傑出，還是會有人很銳利地找出你的缺點並加以指責。同樣的，就算你穿著平凡無奇的衣服、做著在他人眼中不怎麼亮麗的工作，也有人把你說的一句溫暖的話長久珍藏心底。請給予他人喜歡你或者討厭你的自由吧。

當然，你必須尊重他人的反饋，還有如果能幫助你成長的話，就必須當作參考，尤其是像韓國這種以關係為重心的集體主義文化中，如果完全不和他人溝通，只考慮到自己的立場，就很難在社會上立足。重點就在於尊重他人的反應或反饋，但並不過度解讀或再三咀嚼特定的意見，用它來拷問自己，特別是負面的意見。

讓自己的世界全然配合他人的期望，對任何人都沒有好處。更重要的是，集中在你想要過的人生，用最符合自己的模樣活下去。去過你想要的人生都嫌時間太短了，請讓他們盡情高歌他們的曲子，而你也歡愉地吟唱自己的曲子吧。

接下來，你一定想問，我想要的是什麼樣的人生，還有如何才能知道呢？在你捫心自問的這一刻，就等於踏上了新的出發點。

如果只苦惱一次就能回答問題，那麼一開始就沒有嚴肅去思索它的必要了吧。**關於你的人生，最無所不知的專家就是你自己。**

請試著找出以下問題的答案：

- 你喜歡什麼？不管是什麼，請寫下你所想到的人、物品、想法、價值、嗜好和地點等。
- 你在做什麼事時會感到幸福？
- 你想做什麼樣的事？思考時請先將是否可能實現這件事放到一旁。
- 你的優點是什麼？要是先想到的是缺點也不用在意，請試著具體寫下自己的優點。

請試著思考一下，在回答這幾道問題的過程中，你的腦中浮現何種想法，還有連貫這些答案的共同關鍵字是什麼，這個詞語可能具有重要的意義。

我記得，多年前曾在《心靈的天梯》（*Jacob's Ladder: Wisdom for Your Heart's Ascent*）這本書中讀到「我們都是各自流向江河的洪流」的句子。作者認為，去回答自己應該流向哪一條江河，也就是說，自己應該做什麼事、以何種面貌過活的過程即是人生。在某個時間點上，可能會因為一時碰到漩渦而感到混亂與痛苦吧？但最終它都會使自己走向適合的脈絡。請帶著成為傑出與自信水流的心像，各自迎向浩瀚的海洋吧。

進一步瞭解：自我評價問卷

「自我評價問卷」是確認自己的價值感來源是從內部，或者是從他人的認可與反饋等外部尋求的心理測驗。請確認一下，你的價值感仰賴他人認同的程度有多少吧。

韓國版自我評價問卷（K－LEI，Korean－Locus of Evaluation Inventory）[9]

請針對各題，標示自己有多同意或不同意的程度。計分方法和韓國大學生的平均分數會標示在後方。

①	②	③	④	⑤	⑥
非常不同意	不同意	不怎麼同意	有點同意	同意	非常同意

❶ 別人怎麼看待我很重要。（　）

❷ 很想將我的成就告訴別人。（　）

❸ 哪些事情失敗時不太會告訴別人。（　）

❹ 經常詢問別人我看起來好不好。(　)

❺ 時常擔心別人是怎麼看待我的。(　)

❻ 時不時注意自己的外貌。(　)

❼ 不管別人說什麼，我可以決定自己的幸福。(　)

❽ 犯錯時會坦率承認。(　)

❾ 我能不能完成某件事，經常取決於別人是否相信我能做好那件事。(　)

❿ 我應該做什麼事，經常必須依賴他人來決定。(　)

⓫ 我不怎麼好奇別人怎麼看待我。(　)

⓬ 聽到負面評價時，很難對自己產生正面觀感。(　)

⓭ 當別人對我發脾氣時，我很難喜歡自己。(　)

⓮ 就算別人不同意我的意見，我也會固守我的立場。(　)

⓯ 我很難接受對自己有正面評價。(　)

⓰ 比起我對自己的正面評價，別人給我的正面評價更容易接受。(　)

⓱ 要是知道我令某人失望，就會覺得自己一無是處。(　)

計分方法

❶ 將每一題的分數加起來，求得總和，號碼前面加上R（Re-versed Score）的題目代表計分方法剛好反過來。

題目	①	②	③	④	⑤	⑥
1、2、3、4、5、6、9、10、12、13、15、16、17	1分	2分	3分	4分	5分	6分
R7、R8、R11、R14	6分	5分	4分	3分	2分	1分

將十七道題目的分數加總，總分越高，就表示自我價值感來自外部（他人的認同）的比例高，產生心理不適應的可能性越高。總分可能會落在十七～一百零三分，而韓國大學生的平均總分為六十·九三分。

❷ 根據以下人格特質計算總分，和韓國大學生的平均分數相比較。公共自我意識代表在多人面前時，會有在意自身樣貌的傾向。

人格特質	題目	平均
低自尊感	12、13、15、16、17	16.66
在意他人意見	1、2、4、5、6	20.57
（行為上的）依賴性	9、10、R14	9.26
公共自我意識	3、R8	6.13
裝腔作勢	R7、R11	8.31

PART

2

寫給傾聽內在聲音的你

即便猶如倉鼠般在滾輪中奔跑，
我們仍懷抱著夢想，奔向更美好的人生。
雖充滿雄心壯志，但很容易就因嫌麻煩而中途放棄，
或時而在尋找捷徑時迷失了方向。

努力想做得比別人更好，
因此不由自主地想太多，
我總不斷未雨綢繆地做規劃，
也已經這麼努力了，
為何事情依舊不能盡如人意呢？

在錯誤中反覆碰撞令人力不從心，
遇到選擇的瞬間，心情就會變得錯綜複雜。

雖然急躁、捷徑的陷阱偶爾會扯住你的後腿，
但正面變化會透過你的盼望、自信和實踐找上門來。

為了使今日比昨日更好，
請試著做出某種不同的嘗試，
找出能為你帶來重要變化的關鍵字。

無論是什麼樣的努力，
做了都比不做來得強，
若你認為自己遲了一步，
此時正是你重新開始的時候。

CHAPTER

1

現在需要的不是想法，而是實踐

拖拖拉拉的人

我老是在考試前才開始唸書，而臨時抱佛腳的結果就是經常搞砸考試。此外，沒有在期限內歸還圖書館的書，導致每次都被罰交逾期費，還有把買家人生日禮物的事拖到生日前一天，而且還是在百貨公司關門之前才去買，搞得自己一身狼狽的情況也成了家常便飯。

對於考試的不安感，以及無法自我管理的問題讓我感到很困擾。雖然滿腦子都想著要準備考試，但我總會去做一些和考試毫無相干的事，直到考試前一天為止。考試前夕，電視剛好播了我喜歡的美劇，所以我打算「看完這個就去唸書」，但緊接著是我喜歡的選手參加比賽，所以忍不住又看起足球轉播，然後很自然地轉去其他頻道……後來我覺得好累，決定睡一下再起來唸書，於是將鬧鐘調到四點，可是等我睜開眼睛，卻發現已經七點了。我應該是把鬧鐘關掉又倒頭繼續睡了，但那一刻我整個人瞬間清醒，發狂似的翻閱課本，但連考試範圍的三分之一都沒讀完，最後成績自然是慘不忍睹。

我下定決心，下一次考試時絕對不看電視，要執行和老師一起訂好的讀書計畫，可是……總之，最後連一頁都沒讀完。

我心想著，要先填飽肚子再來用功讀書，所以決定去煮一碗泡麵，但想起最近聽說泡麵對身體不好，所以上網找了一下如何健康吃泡麵的方法，結果發現方法五花八門，看得我眼花撩亂。我按照網路的食譜煮了泡麵，回過神來，一小時已經離我而去了。不過，至少泡麵變得超級好吃，所以心情也很好，只是吃完泡麵後，眼皮開始變得有點重，睏意也跟著襲來，所以我告訴自己，睡一下下就要起來唸書……等我醒來，又是早上七點了。

呼，我的身體好像真的很規律。只要碰到重要考試，就會有如囫圇吞棗般臨時抱佛腳，然後又因為考試準備不充分與壓力，導致無法拿到理想成績而煎熬不已，此外也很害怕出社會後，這種個性會造成影響。

怠惰之人的隱情

習慣拖延的人大致上都認為自己非常懶惰，而且經常把重要的事丟到一旁，先去處理無關緊要的事。此外，又會因為拖拖拉拉的性格，在進行重要計畫時碰到莫大危機，或者為難以拿到檯面上的成績而苦惱，導致與身邊的人關係疏遠，在實際生活上出現憂鬱、不安與有氣無力等現象。

這裡的問題不在於學習計畫制定得不好，或對考試感到不安，而在於準備讀書之前的階段。因為電視節目、因為吃的、因為網路……有各種千奇百怪的理由導致他們無法進入重要的目標課題——準備考試。這些人會這樣說：「下定決心唸書、坐在書桌前面都不是什麼難事，但就在我打算要開始唸書的時候，就會覺得書桌看起來格外凌亂。我覺得實在無法在這種狀態下唸書，所以就捲起袖子，決定把書桌清理乾淨。既然都開始清理了，我就想來個徹底大掃除，於是開始仔細將筆記本和資料夾都分門別類。要在資料夾貼上科目時，又覺得用手寫不好看，所以就將標籤印出來後再貼上，電腦桌面的文件夾也都按內容歸類。在我花了三小時將書桌、書架和電腦桌面整理得順眼乾淨後，整個人累癱了，眼睛也很痠，但內心感到很滿足。我心想，現在該來唸點書了，才發現耗掉了好多時間。」

許多學生都像這樣，經常會有「看完這個就去唸書」、「吃完泡麵就去唸書」、「整理完書桌就去唸書」等「只要做完某某事就去唸書」的思考模式。問題就在於，雖然他們很奮力地讓自己產生想用功的念頭，實際行動卻完全無法跟上腳步。

這種將某項工作放在眼前，卻分心去做其他事或遊手好閒的行為就叫作「拖延行為」。還有，因為這種拖延行為，導致當事人或他人反覆嚴重感到不便的狀況就叫作「拖延病」。根據研究，美國有四十五%的大學生、韓國有四十六%的大學生深受拖延病之苦。

愛拖延的人經常會犯一種錯誤，就是認為只要為唸書「賦予動機」，也等於達成了實際要去唸書的「目標行為」。但實際上，大部分的人都無法從賦予動機的階段輕鬆跨至目標行為，而被各種雜念所干擾。

起初，你制定了看完電視後，半夜再起來唸書的縝密計畫，也就是說，你費盡心機找出在有限時間內使效率極大化的方案。接著，考試在即，你的注意力卻被如何才能把泡麵煮得美味健康的雜念占據，必須唸書的目標行為卻完全沒有付諸行動。

你必須改變只要賦予動機，目標行為就會自動達成的錯誤觀念，否則就會造成每次都把時間浪費在其他事情上，實際上卻完全沒有唸到書的結果。

想法與時間之間的差距

要怎麼做才能斬斷這種惡性循環呢？根據認知治療學者大衛・柏恩斯（David D. Burns）的說法，由於愛拖延的人從賦予動機跨至目標行為的過程太過痛苦，所以必須在賦予動機的階段前先做出與目標行為直接相關的「暖身動作」。換句話說，在「賦予動機→目標行為」的過程中追加一項，構成「暖身動作→賦予動機→目標行為」的三階段過程。

若將這個理論套用到你的情況，為了執行目標行為（唸書），你需要的是與唸書直接相關的小小舉動，排除與其不相干的行為（看電視、煮泡麵吃）。好比說，先打開課本，大聲唸出前面兩頁的內容，這個過程就會為唸書賦予動機，接下來要執行目標行為（準備考試）的機率就會變高。

若在做與目標行為相關的暖身動作時，搭配以下四種方法，效果就會相得益彰：

第一，請記住從錯誤中學習的過程是必需的。就算持續做暖身動作，也可能無法一次就達成目標行為，所以必須體認到會經歷一定的碰撞過程。要在短時間內就見效的心態，是愛拖延的人對於追求效率的一種過度執著。你必須拋棄正面變化會如魔術般瞬間出現的心態，帶著耐心，即便是一丁點的變化，也要去珍惜它。

第二，計畫的行為最多不超過十五分鐘。以最多十五分鐘為單位，執行與目標行為相關的暖身動作為佳。對於拖延的人來說，以一小時為單位來制定計畫，就和完全不會去執行是相同的。此外，你也必須擺脫計畫一定要完美無缺的壓力。在期望計畫可以完美無缺的那一刻，你很容易就會掉入效率的陷阱，也就是「以最少的努力獲得最大效果才是聰明作法」的心態，使自己再次陷入窘境。

第三，請用正面的自言自語來激勵自己。請仔細觀察，自己在做功課時，內心主要都在想什麼。萬一你經常自言自語：「我做不到」、「就算這樣做也沒有用」、「這只是在浪費時間」等負面話語，實際執行計畫之前，請將它們改成「我現在正在努力，我可以改變」等話語。

第四，請準備好當自己的拖延病發生時，能夠提醒自己的刺激物。像是在冰箱門等容易看到的地方寫下自己的決心，接著大聲唸出「我絕不拖延」，如此也會帶來幫助。

此外，拖延的行為出現時，身邊的家人或朋友需要說出幫助當事人將拖延行為降至最低、給予他們勇氣和刺激的建言，好比說完成目標行為後一起看「美劇」等。對於覺得運動很吃力的人，教練建議最好的習慣就是在睜開眼睛的同時，立刻戴上帽子、穿上運動服後出門。這是因為，戴帽和身穿運動服的暖身行為，開啟了通往目標行為之路。

對於腦中充滿了想要好好做的想法，含著淚水努力不懈，卻因為無法達成目標行為而感到痛苦的人，我們需要幫助他們從制定有效率的完美計畫跳脫出來，鼓勵他們去做與目標行為直接相關的暖身動作，使他們體內的發電器能自行運轉。請記住，問題的核心不在於想得不夠多，而在於實際行動無法跟上。

進一步瞭解：愛拖延的類型

藉由二十餘年替愛拖延者諮商的經驗，美國的臨床心理學家琳達・薩帕丁（Linda Sapadin）發現這些人可以分成六種類型：完美主義者、自尋煩惱的人、過度工作者、夢想家、反抗者與碰到危機才會採取行動之人。如果你認為自己有愛拖延的傾向，就請確認一下自己最接近下列哪種類型。供大家參考，一個人可能同時屬於好幾種類型。

・完美主義者

——被交付任務或工作時，因為想做到盡善盡美，導致出現遲遲無法開始的拖延傾向。如果又是屬於性格謹慎細心的人，拖延的情況可能就更嚴重。

・自尋煩惱的人

——完美主義者是將重點集中在必須做好工作，自尋煩惱的人的特徵卻是擔憂要是做不好的話怎麼辦，所以不敢貿然著手進行。

・過度工作者

——無法拒絕他人的請求，導致要做的事情太多，被工作壓得喘不過氣來，最後只好一延再延。因為想當好人的欲求很強烈，無法輕易拒絕他人，表面上雖然大家都誇他是好人，當事人的內心卻逐漸萎靡。

・夢想家

——被賦予任務或工作時，不會從現實的角度去思考，反倒把事情想得太過簡單，以為整件事會如作夢般實現，或者幾個小時就能輕鬆達成。由於實際計畫或時間管理能力低落，因此頻頻發生一再拖延，最後超過期限的情況。

・反抗者

——小時候常聽到父母說「去做某某事」、「不要去做某某事」，所以身體習慣性出現反抗的特性。只要別人說：「你去做某某事」，就會覺得自己被強迫，因而出現刻意不去做的傾向，而且這種特性不太容易改變。

・碰到危機才會採取行動之人

——享受截止日期逼近時的緊張感，對自己太過有自信。一開始缺乏做事的動力，但等到時間剩下沒多少時，就會發揮超人般的能力把事情做完。但要是事情無法如期完成時，心情就會變得很低落。

拖延模式測驗10

請填寫空格，確認自己的拖延模式。

❶ 姓名＿＿＿＿ ❷ 年齡（滿）＿＿＿＿ ❸ 性別＿＿＿＿

❹ 職業（請具體說明）

❺ 寫下最會拖延的事情（最多四件），接著以一～一百％來標示自己覺得困擾的程度。

＿＿＿＿（　）%

＿＿＿＿（　）%

＿＿＿＿（　）%

（　）%

❻ 請寫下因拖延獲得的好處。

❼ 請寫下拖延造成的壞處。

❽ 分別寫下拖延時主要會有什麼樣的經驗。

（想法）

（情緒）

（行為）

CHAPTER

2

上台簡報時，每個人都會感到不安

要是在別人面前丟臉，怎麼辦？

每次碰到要在公司上台簡報時，我就會感到很苦惱。因為我希望能在簡報時大放異彩，讓大家認為我是很有能力的人，卻總是事與願違，老是緊張過度。做簡報的前一晚，我會事先將上台時要講的文案鉅細靡遺地寫下來背誦，為了準備而幾乎整晚沒睡。

簡報當天，雖然覺得大家集中在我身上的目光很有壓力，但仍下定決心要按照事前準備的好好表現，開始做起了簡報。這次的簡報進行得比較順利，卻因為主管突然提出事先沒有預料到的問題，瞬間打斷了節奏。

我頓時腦袋一片空白，不知道應該說什麼，簡報也變得一場糊塗。我變得口乾舌燥，聲音忍不住顫抖，整個手心也被汗水沾濕。雖然簡報終究還是結束了，但每當想起當天的情況，還有出席者不知道會覺得我有多無能，頓時就覺得好羞愧、好痛苦。

蠶食靈魂的不安

心理學經常將這種症狀稱為「上台焦慮」。從廣義的層面來看，上台焦慮也算是社會焦慮的一類。隨著職場或學校等需要在眾人面前說話的情況增加，這種焦慮症也成了十分普遍的症狀。

我在替有上台焦慮的個案諮商時發現了一項有趣的事實，那就是上台焦慮症狀越嚴重的人，事前準備工作就越多，而且他們也經常產生「不可以感到焦慮」的想法。這些人偏好背下事先寫好的發表稿，或以稿子為基準來進行，因為他們認為，如果不這樣做，簡報就無法順利進行下去。事先寫好發表稿、把內容背得滾瓜爛熟並進行排練，經常被視為成功簡報的方法之一。

可是，問題就出在這些人做了太多事前準備，以致前一天沒有得到充分休息，實際簡報當天因疲勞而注意力下降。此外，由於發表時全然將注意力放在事先準備、練習的內容上，導致無法顧及現場氣氛和聽眾的反應，最後變成一場無趣平淡的簡報。若是有人提出意想不到的問題或出現失誤，就會完全想不起事先背好的內容。

心理學將這種事先撰稿熟記的方式稱為「安全準備行為」。不安指數越高，就越會出現強迫性的準備行為。只不過矛盾的是，準備行為越多，卻會產生不安指數越高的結果。因此，碰到不安指數很高的情況，治療的核心在於逐漸減少這種安全準備行為。

儘管如此，意思並不是要大家做簡報的前一天不要做任何準備，而是準備的程度必須適量。在做簡報的前一天，為了準備而不眠不休，在過度不安的狀態下將稿子背得滾瓜爛熟的策略，多少是有些過度了。基於不安感，在簡報資料上放了過多內容，也是經常會看到的事前準備行為，但這同樣可能會使簡報要旨想傳達的效果大打折扣。**請記住，適當的準備與不安指數能對整件事帶來正面影響，過度的不安與準備行為會造成負面影響。**

矛盾的不安，越壓抑就越張牙舞爪

有嚴重上台焦慮的人，腦中經常會浮現的念頭之一，就是提醒自己不能焦慮，所以他們會想辦法降低自己的不安。最經常使用的方法就是腹式呼吸和肌肉放鬆訓練，而這種呼吸訓練有時確實能帶來某種程度的效果，只不過對於不安指數爆表的人來說，透過呼吸訓練很難獲得很好的成效。身體已經明顯有焦慮症狀，內心卻出現不能焦慮的想法，等於兩者之間出現了裂縫或不協調，因此即便做了呼吸訓練也不會出現太大的效果，再加上以不能焦慮的想法畫地自限久了，反而可能成為使不安加劇的一種訊號。

讓我們來瞭解一下能降低上台焦慮的各種因應方案：

第一，做簡報時感到不安是極為自然的反應，因此重要的是別去想自己不該感到不安，而是接受並認同自己感到不安很正常。

第二，請減少為了降低焦慮，寫出完美的腳本來默背等過度準備的行為，而是去熟知內容、挑選簡報時使用的主要關鍵字與事前演練等合理且符合現實的方式，在簡報前一天充分休息。

第三，必要時請事先學習腹式呼吸或肌肉放鬆訓練。熟悉不會過長且隨即可以立即應用的腹式呼吸法等能帶來幫助。舉個簡單的例子，想像你的心中有一個四方形的箱子。首先想像箱子左側的橫線（從左到右），同時吸一口氣，接著想像右側的線條（從上到下），同時憋住呼吸，再來想像下方的橫線（從右到左），同時慢慢地吐氣，最後再次想像左側的線條（從下到上），並且再次憋住呼吸。只要重覆這個過程五～十次，就能緩和緊張感。

第四，請想像做簡報時的聽眾都是你很喜歡、很親近的朋友。就算上台焦慮症很嚴重的人，也不是在每個需要上台的情況下都會感到不安，請試著去回想在家人或親近的朋友等，讓你感到自在的人面前說話時輕鬆的感覺。

第五，雖然這可能多少聽起來有點奇怪，不過有時讓自己更加不安也會帶來幫助。假如聲音因為不安而顫抖，你卻怎麼樣都無法控制它時，與其竭力讓聲音鎮定下來，乾脆就用顫抖得更厲害的聲音說話，要是手心流了汗，就試著擰緊手心，讓它流出更多汗。反正怎麼做都會感到不安，就帶著姑且一試也沒有損失的膽量去試一次吧。

你可能會懷疑，這種方法真的管用嗎？但要是什麼都不做，也就不會有任何改變，因此，做了總比不做來的強。還有，假如你覺得反正情況也不會更糟了，就請暫時保留懷疑的態度吧。德國詩人里爾克（Rainer Maria Rilke）曾說：「想擺脫孤獨，就必須走進更深的孤獨。」想擺脫不安，反過來走進更深的不安，也可能會出現意想不到的效果。

心理學將此稱為「矛盾意向法」。這個過程的重點在於去學習「即便暴露於恐懼及想要逃避的不安情況時，也不會出現自己想像中那種無法挽回的局面」，只不過可能的話，最好在專業諮商師的協助下使用。

進一步瞭解：抑制思考的反效果

抑制思考的反效果（或反彈效應）是指越是去抑制某種想法的產生，就越容易想起的一種矛盾結果。心理學家丹尼爾・韋格納（Daniel Wagner）便透過實驗證實了這點。

韋格納的白熊實驗

韋格納將實驗參加者分成兩組，他指示第一組盡可能不要去想白熊，對第二組則未下任何指示。過了一段時間，他要這些人再次去思考關於白熊的一切，並要求他們在心中想起白熊時按下響鈴。結果顯示，一開始被指示避免想到白熊，也就是思考受到壓抑的一組比另一組更頻繁想到白熊。

換句話說，越是努力不要去想白熊，反倒會面臨想法更難以自拔的矛盾狀況。我們所有人都很努力想控制內心，這件事卻沒想像中那麼簡單。

想必大家一定都有過這樣的經驗。想轉換心

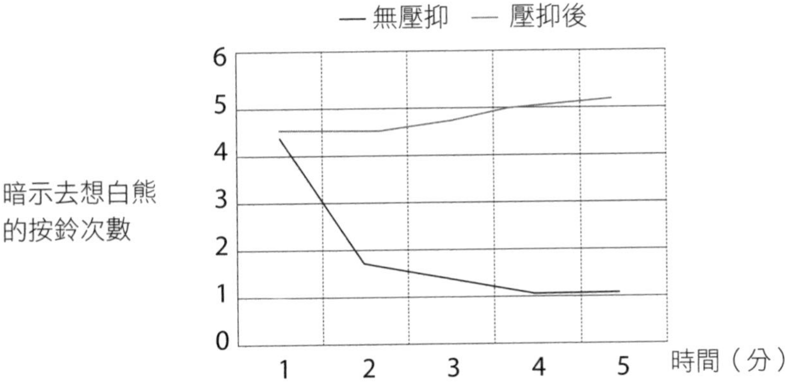

思考抑制的反效果[11]

情，心情卻變得更低落，又或者想消除緊張感，卻反倒變得更加焦慮。韋格納的實驗就印證了，對於內心排斥的想法，我們的反應會更加敏感。

觀察上頁圖表的兩條線，可以得知，雖然經過一分鐘時的出發點相同，但想法受到壓抑（抑制）的那一組反倒持續想著白熊，按鈴次數維持一定水平，相反的，沒有受到壓抑的那一組則是明顯減少。

考慮到這種思考抑制的反效果，若是腦中浮現負面想法時，相較於有意識地去消除它，坦然接受自己不安的事實，讓它順其自然流逝的態度更有效。「接納與承諾療法」（Acceptance Commitment Therapy，ACT）[12]即是運用這種原理的其中一種心理治療。「接納與承諾療法」是最新的認知治療法，主張想要盡快擺脫痛苦的行為（迴避經驗）會造成痛苦感受，因此積極接納存在的經驗本身，即是降低痛苦的有效方法。

CHAPTER

3

完美主義者反而很不完美

無法滿足的完美主義者

在學時，我的成績名列前茅，在職場上也經常被誇細心認真，我卻老是覺得自己不足，為此感到痛苦不已。我經常會自責，明明就可以做得更好，是不是我太怠惰了？就算其他人告訴我，做這樣已經很棒了，我聽了卻一點都不開心，只覺得他們是事不關己，所以才能講得這麼輕鬆。我的腦袋充滿了「只要再多花一點時間努力，就能獲得更好結果」的想法，對做不到這點的自己感到很不滿意。

我不想和別人一樣過著平凡的生活，認為只有出類拔萃才有價值。我常常會反覆告訴自己「可以再做得更好」，卻總是害怕失誤而提心吊膽。就像某個部隊所寫的一句話：「用結果證明過程。」我認為不管再怎麼努力，只要結果不盡理想，就代表努力還不夠。在工作上被主管或同事指責時，我就會覺得很受傷，不斷反芻那些話。計畫不能出現任何差池，但如果稍有閃失，我就會對自己和這個世界生氣。雖然很討厭自己焦慮不安的模樣，但為了出人頭地也無可奈何。原本心情還好好的，但只要事情沒有按照期待發展，就會覺得自己很悲慘，成了「徹頭徹尾的失敗者」。

不幸的完美主義者

這類人就叫作「完美主義者」。完美主義者會設定現實生活中難以達成的目標或標準，然後努力達成它們。這種人經常會和他人比較，不管是哪一方面，只要覺得有人做得比自己好，就會產生自卑感，心情變得憂鬱或不安，也因此人生才會變得那麼不幸福。人本來就是不完美的，因此我們可以說，追求完美本身恰恰反過來證明了那個人的不完美。

完美主義者有哪些特性呢？心理學家藍迪・佛洛斯特（Randy Frost）就說明了完美主義者的六種特性：

- 凡事擔憂會出現失誤。
- 對於自身行為的結果沒有把握，經常感到懷疑。
- 父母對我寄予厚望。
- 父母經常對我品頭論足。
- 不管做任何事，都會追求高標準。
- 凡事都很周密，有條有理地去做。

追求完美的人，會覺得好像有個人站在內心的鏡子中注視著自己的成果。這些人的完美主義傾向，很可能不是與生俱來的，而是在成長過程中逐漸形成。為了符合父母的高度期待、避免被指責，他們習慣竭盡全力，然後在不知不覺中習慣了完美主義的態度。

完美主義者想獲得他人認可的傾向很強烈，若是被交付的任務或工作無法完美執行，就會比他人產生更大的挫折感與自我折磨。倘若自責成為一支利劍刺向不穩定的自己，就可能會產生嚴重憂鬱情緒。

在他人眼中，你在工作上有很好的表現，也獲得周遭人們的信任，自己卻過得不幸福，反倒覺得明明可以做得更好，卻沒辦法達到標準而經常自責不已。像你這類的人，即便某項工作做得很成功，身邊的人也紛紛給予讚美，你卻會更留心傾聽心中抱持懷疑的聲音，像是你努力得還不夠，很遺憾沒能做得更好，或覺得一開始設定的標準過低，為此責怪自己。

即便取得好的成果，得到他人認可，卻仍有許多人感到不滿足。這些人經常會說：

「我確實是付出了努力，但並沒有竭盡全力。」

「我一直都是做到不錯而已，但沒有到出類拔萃。」

「能將某件事做到令人驚豔是美好的。」

「如果只是平凡度日，人生還有什麼意義？」
「他人的稱讚不過是出於禮貌，我和厲害二字之間還有距離。」
「真討厭那些叫我放輕鬆的人，他們又不會幫我做。」
「像我現在這樣休息真的沒關係嗎？」

對完美主義者而言，能夠出類拔萃是非常重要的價值。他們可能會認為，想要做好某件事的心態，也就是對於「有才能」的欲求本身很稀鬆平常。尤其身處財富與機會有限的社會，競爭無可避免，擅長做某件事即是有助於在社會上成功的重要資產。

實際上，追求有才能促使完美主義者對每件事變得更加努力，也幫助他們取得更出色的成果。他們可能會認為，與其過著平凡無奇的人生，為追求更具價值的人生而努力做好某件事應當受到尊重。

問題就在於為數不少的完美主義者深受憂鬱症之苦。想必沒有人會想自尋煩惱，這些人很努力，也取得了很好的成果，但為什麼他們依然不幸福呢？

完美主義者追求的不只是「做得很好」，而是要「出類拔萃」。所謂的出類拔萃，包含了好到超越某種困難的標準，也代表失敗的可能性很大，因此很容易產生挫折感與自責。

這些人在設定標準時，主要是與比自己厲害的人比較。比較的對象大部分都在該領域耕耘多年，或者擁有很出色的成績，所以和這些人比較時，理所當然會產生自卑感，而失敗自然也成了家常便飯。

如果認為失敗是基於自己努力不夠，或者沒有能力，越是這樣想，憂鬱就會扎根得越深。當然，完美主義者不會同意自己的標準如此不切實際，甚至會辯解，降低標準只是想替自己的懶惰合理化罷了，也因此他們會把情況弄得更加棘手。

表面上看來，這些人是努力想取得好的成果，但實際窺探他們內在的動機，可以發現他們是想努力避免「不好的結果」或是「失敗」。就內在動機來看，努力獲得好的結果與避免不好的結果乍看之下都是為了取得更高的成就，但過程與結果卻有天壤之別。由於完美主義者會憂慮發生失誤，而且對自身行為結果抱持強烈懷疑的態度，如果又加上避免負面結果的動機，在過程中就會不斷擔心自己是否步上了軌道，就算最後成功了，頂多也只會感到安心。

幸福的完美主義者

比任何人都努力，卻很容易感到挫折的完美主義者要如何才能變得幸福呢？讓我們來瞭解一下方法吧：

第一，請在「必須做好不可」的想法加上「可能的話」。追求有能力是很自然的事，只不過請將「只能做到出類拔萃」這句話改成「可能的話，就努力把事情做好吧」。重點在於當自己不經意地說出「必須怎麼做」、「早知道應該怎麼做」、「一定要」、「絕不」等話語時要能及時察覺。當你發現自己腦中出現這些想法時，就在心中大喊：「停下來！」做一次深呼吸，然後在前面加上「可能的話」或「如果條件允許的話」等暫定的說法。要是你的心中產生「果真這樣做之後，人生就會變得有意義嗎？」的疑問，就表示你是完美主義傾向非常強烈的人，希望你先別斷定結果會失敗，而是把著眼點放在嘗試上頭。

第二，請將目標設在百分之七十，而不是百分之百。多虧了完美主義的傾向，你完成了許多事情。他人的認同、達成目標、自我管理感等，都是在你持續不懈下所結出的果實，這些努力和成果都很值得你驕傲。只不過在為了達到「出類拔萃」的奮鬥過程中，反覆出現挫敗感與自責感等負面情緒是很消耗能量的事。由於原因在於設定過多的標準，因此必須有意識地將該標準調整得實際一點。舉例來說，假設以前你設定的標準是百分之百，就有意識地將它設定為百分之七十吧。人不可能每一次都達到百分之百，相較之下，維持平均百分之七十不僅更實際，也有助於減輕壓力。

第三，請將方向從「為了避免不犯錯」改成「為了做好一件事」。既然要付出努力，比起為了避免失敗（－）而去做事，朝著會成功（＋）的方向去做比較好。因為當內心深處擔心犯錯時，實際進行的過程中會持續感到不安，也很容易對成果產生懷疑，導致失去做事時的熱情與創意。

進一步瞭解：完美主義的維持機制

研究完美主義的學者夏弗朗（Shafran）等人，以流程圖來表現完美主義者經歷的過程（左頁圖）。13

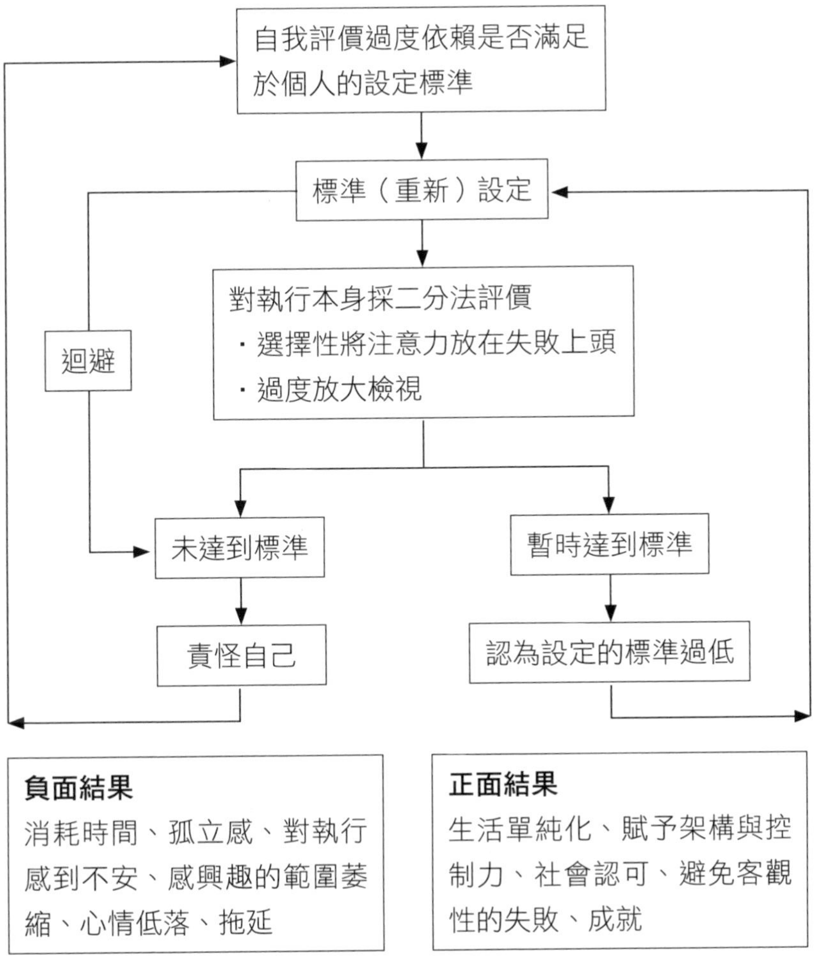
自我評價過度依賴是否滿足於個人的設定標準
標準（重新）設定
迴避
對執行本身採二分法評價
・選擇性將注意力放在失敗上頭
・過度放大檢視
未達到標準
暫時達到標準
責怪自己
認為設定的標準過低
負面結果
消耗時間、孤立感、對執行感到不安、感興趣的範圍萎縮、心情低落、拖延
正面結果
生活單純化、賦予架構與控制力、社會認可、避免客觀性的失敗、成就

完美主義的維持機制

第一個要注意的部分，在於完美主義者為特定領域（例如減肥）設定過高的執行標準（一天一定要減掉一公斤）後，依據自己是否達成來評價自身的價值。

第二，評價執行成果時，將部分成果（一天減掉零點五公斤）直接視為失敗的二分法思考模式，而這種失敗感隨即導向自我指責。

第三，暫時達到自我標準時（連續兩天都各減掉一公斤），不會對達成的部分感到開心，而是懷疑之前設定的標準是否太寬鬆，於是設定更高的標準，導致失敗感與自我指責變成一種惡性循環。換句話說，完美主義者活在沒有一刻感到開心、始終覺得自己不足的痛苦之中。

為了減輕這種痛苦，請依下列方法試一次看看。

❶ 請寫下三個以上與成就相關的刻板想法。

❷ 當事情沒有按照計畫進行時，這些想法造成的衝擊程度為多少？請用一到十分來評分，由低到高來做整理。

❸ 請閉上眼睛三分鐘，做幾次深呼吸、腹式呼吸或回想自己最幸福的時刻。請從評分最低的項目開始，寫下兩個以上可以反駁的想法，並大聲唸出來。

❹ 請試著寫下進行以上步驟時產生的全新感受。

CHAPTER

4

努力做一件事，總比什麼都不做來得好

意志力薄弱的人

最近短短幾年，我的體重就往上飆升了二十公斤，讓我苦惱得要命。但我已經夠累了，睡眠時間也不夠，如果還要運動的話根本就是強人所難。可是，年底健康檢查結果出來，發現我患有包含高血壓、高血脂和脂肪肝的代謝症候群，情況很嚴重。醫師開了處方藥給我，同時強調一定要規律運動。其實每天早上醒來時，我的後頸都會嚴重僵硬，所以我也意識到事情的嚴重性，心想自己的確該做點什麼。

既然要運動，就應該好好做，所以我在網路上搜尋，徹底調查了運動和停車設施、價格、距離等條件，最後選定了一家健身房。可是等到要開始運動時，才發現自己連合身的運動服和鞋子等都沒有，所以又必須花時間和精力在網路上選購。終於，好不容易有了整套裝備，我也仔細確認好幾名個人教練的資歷，選定了其中一位，開始一天運動一小時半的生活。可是，開始運動的第一天，我做了當兵時做的游擊體操之類的動作，回到家之後，平時沒動到的肌肉都在哀號，全身上下沒有一處不痛的。睡醒之後，肌肉痠痛得更嚴重了。儘管如此，畢竟是下了好大的決心、砸了大錢才開始的，所以也不能只做一天就輕言放棄。

隔天，再次去運動的我覺得頭暈目眩，好像馬上就要吐出來了，最後直接癱坐在地上。

教練鞭策我說這樣的運動強度很弱，給了我每天記錄「飲食日記」的功課。我覺得羞愧莫名，也覺得為什麼自己花錢運動了，還要受這種罪。就這樣運動了兩天，去健身房變成一件很不開心的事。儘管如此，隔天我仍拖著心不甘情不願的腳步去了健身房。我遲到了大約五分鐘，加上也沒帶教練要求我帶去的飲食日記，所以被年紀輕輕的教練訓斥了一頓。前一天運動造成的肌肉痠痛變得更加嚴重，內心開始對大聲吆喝動作的教練發火。隔天早上，我以身體輕微發燒為由沒去運動，躺在床上休息的時間宛如置身天堂，心裡卻一直過意不去。六個月的使用券和三個月的教練費用都已經先支付了，但之後我一直沒再去過健身房。

即便過了一段時日，只要經過那間健身房附近，我的內心依然存有疙瘩，自責感也會冷不防探出頭來。唉，想開始做一件事卻沒辦法好好做的我，是不是真的意志力很薄弱呢？

面對變化的真心與逐漸無力的決心

特別是到了新年，大家就會宛如重獲新生般，有新的願景和決心。

「往後三個月內一定要減掉二十公斤。」

「我一定要每天存一百元，在今年內用一整年存下的錢去一次家庭旅行。」

「我要每天步行到捷運站，每天固定走一萬步。」

「從今以後，絕對不在深夜吃泡麵。」
「新的一年，既然香菸的價錢漲了，我也該來戒菸了。今天就是戒菸第一天！」
「把一天看電視的時間減少到兩小時以內。」
「從明天開始在早上六點起床，三餐也要規律進食。」
「減少看手機或上網的時間，一週要看一本書。」

只要遵照自行制定的新計畫和決心去做，人生就能朝我們期望的模樣前進，但計畫過沒幾天就告吹，加上情況反覆發生，要再次下定新的決心就會變得越來越困難。打定主意要開始運動，結果卻只留下「我果然不行！」的自責感，十之八九都會感到洩氣吧？一位朋友就抱怨，原本打算一有空就在家裡運動，所以接連在購物頻道購買了運動器材，整個家就像一間全能健身房似的，可是這些昂貴的運動器材卻被拿來當作晾衣架使用。

真心想要改變，但為什麼實踐卻如此困難呢？想要達成某種全新的行為，就需要先對學習與變化的過程有所理解，瞭解在變化過程中使自己觸礁的障礙物為何。如果能針對此做出有效對應，就能往我們期望的變化靠近一步。

無論下定決心要做什麼，最後卻只有三分鐘熱度的人，都有一個共同的行為特徵。

第一，想了很多，相較之下實際採取的行動卻非常少。有時大家會想，既然要做，就好好做個徹底，卻沒有把重點放在如何把決心轉換到行為，而是各方面仔細計較，希望相較於投資的費用，效果能被極大化。為了好好運動而投注了許多時間挑選健身房、運動服、鞋子和教練，卻沒有去挑選與自己健康狀態與能力相符的運動，也就是說，沒有坦率向教練表達哪個部分讓自己覺得吃力並試著調整。運動時，時髦的運動服和鞋子不是必需的，就算運動服已經很舊，但只要穿起來感到舒服就夠了，繼續穿著平時的運動鞋也無所謂。問題就出在想為運動做完美的準備，耗費了過多的精力，卻沒有把力氣花在持續運動上。想好好做卻想太多，反倒成了一種阻礙。

第二，做了幾天之後，發現事情不太順利就一蹶不振。最初的決心要能結出果實需要時間，尤其在達到某種熟悉程度之前，也需要經過好幾個關卡。比方說學習吉他好了，有許多人帶著想像自己彈出優美音樂的畫面開始練習，但手指會因為重複按著不熟悉的和弦而長繭，導致很多人在這個階段就放棄了。至少要練習一個月，手指才會長出硬皮，這樣也才能在沒有疼痛感的情況下持續練下去，但假如無法克服初期碰到的困難，最好先收起要彈得很厲害的雄心壯志。在填滿水桶的過程中，雖然會覺得一瓢一瓢地倒水很微不足道，但只要持續倒水，就會不知不覺地填滿水桶。假如無法理解在變化的過程中，有時進度會超前，有時則是處於完全沒有變化的停滯狀態，一心只想求快，失望也是必然的結果。

第三，很容易為自己不實踐決心找藉口。無論什麼事都只有三分鐘熱度的人經常會有的特性之一，就是為自己不去執行計畫辯解。有很多理由會讓你覺得持續運動很困難，比如被年紀輕輕的教練教訓令你不爽、嚴重肌肉痠痛、覺得寫飲食日記像在寫作業一樣有壓力等。這些辯解和抱怨，就像高爾夫球很容易掉進地面上挖好的沙坑般，只會將你的計畫推向失敗。

第四，當一部分計畫遭到破壞，就會索性直接放棄。計畫執行幾天後，發現事情進行得不太順利，就會心想「我果然意志力很薄弱，每次都這樣」，然後陷入自責情緒。人們在計畫與下定決心時，腦中會描繪成功的畫面，可是做了幾天之後，發現一部分計畫脫軌了，就會自此失去繼續努力的動力。因為一次沒有運動，覺得計畫已經被搞砸了，最後直接半途而廢也是基於相同的理由，於是又會再次責怪自己懦弱，變得有氣無力。

決心只維持三天，反覆發生就是三百六十五天

那麼，自認意志力薄弱的人該怎麼做，才能讓帶來正面變化的努力持續下去呢？

第一，就算只實踐了一天，那也比沒有實踐的時候厲害多了。實踐了三天，第四天因為沒有力氣而缺席，三日來的努力也不會消失不見。只要好好休息，第四天過後重新開始就行了。你必須擺脫腦中描繪的理想實踐計畫，也就是一天都不能落下，必須不間斷實踐的強迫性想法。不必自責只實踐了三天，而是去鼓勵努力了三天的自己，稍作休息之後重新開始就夠了。

第二，在實踐之前的暖身階段，行動必須多於想法。雖然想法改變，行為也會跟著改變，但有時卻是相反的，要先採取行動，積習已久的想法才會有建設性的改變。實際上，重要的是把時間花在運動上頭，而穿哪一種運動服、運動鞋並不重要，如果想要一切都準備得很完美才採取行動，等到實際要去做的時候，可能早就筋疲力竭了。既然已下定決心，就請立即去實行吧。經歷失敗與撞牆期是很自然的，不要為了預防失敗而耗費過多時間，用行動來替自己說話吧。

第三，每當獲得小小的成功，就請給努力的自己一點獎勵吧。心理學把認為能夠完成某件事的心態稱為「自我效能」，它會在小小的成功經驗累積的過程中形成。請記住，光是開始運動，還有連續好幾天都持續消化一定的運動量，你就已經完成了很了不起的事。你要為努力的自己感到驕傲，並給予自己適當的獎勵。就算是要減肥，也不必每一天都嚴守嚴格的飲食療法，因為在認真運動過後，幾天內有一餐吃熱量稍微高一點的食物，也不會對整個減肥計畫造成問題。若是有了小小的成功卻沒有任何獎勵，持續採取自我克制的態度，就會逐漸失去動力，陷入生活很苦的想法。

第四，請將你的計畫或決心告訴親近的朋友，尋求他們的幫助。把自己的計畫、決心以及過程中的經驗告訴朋友會帶來很大的幫助，當你出現怠惰的徵兆時，身邊的人會提醒你，當你感到痛苦不堪時，他們也會鼓勵你。

第五，請寫下記錄正面變化的日記。達成計畫的過程即是一種學習過程，每個人必然會經歷幾番波折。每天寫下日記，將有助於幫助自己產生掌握情況的良好感覺。舉例來說，請按照下列方式，將內容精簡到最少，可能的話，將重點放在進行順利的部分上頭：

・張開雙臂跳躍時比較不喘了。

・在跑步機上跑步時多跑了五分鐘。
・教練稱讚我很認真。

就算沒有特別順遂的部分，也不用急著感到失望，因為過程很辛苦，能夠維持目前狀態也是極具意義的事。就算有時走下坡，也請試著寫下產生正面變化後的模樣，你將會發現這要比想像中更有效。

進一步瞭解：尋找變化的關鍵字練習

以下練習是在探索自己想達成期望的模樣時的要素，也就是探索變化的關鍵字所使用。[14]請按照第一階段→第二階段→第三階段的順序填寫。

姓名＿＿＿＿＿＿ 日期＿＿＿＿＿＿

第一階段　自己目前的模樣

・請寫下描述目前模樣的形容詞（責任感重、漂亮、開朗等），至多五個。
・根據各項的重要性來分優先順序。
・針對各項，依目前的滿足程度給予一～五分（一是非常不滿足、五是非常滿足），然後計算平均分數。

編號	目前的樣貌	順序	滿足度
①			
②			
③			
④			
⑤			

平均滿足度：

目前模樣的特徵與共同點：

第二階段　往後希望成為的模樣

・請寫下描述期望模樣的形容詞（有領導能力、賺很多錢、守約定、身體有肌肉等），至多五個。
・根據各項的重要性來分優先順序。
・針對各項，依達成的程度給予一～五分（一是幾乎完全沒有達成、五是大部分都達成了），然後計算平均分數。

編號	目前的樣貌	順序	滿足度
①			
②			
③			
④			
⑤			

平均滿足度：

目前模樣的特徵與共同點：

第三階段　變化的關鍵字

關鍵字：

新感想：

簽名＿＿＿＿

CHAPTER

5

斬斷強迫思考與強迫行為的扣環

無法停止的想法與行為

回家時，我必須在人潮爆滿的捷運站轉乘，雖然俗語說擦肩而過也算是種緣分，但我並不覺得這是什麼緣分，而是一種孽緣。

夏天和身上有刺鼻汗臭味的人群、冬天和用厚重衣服把自己武裝起來的人群擠在一起，我總會覺得全身有一種甩不掉的骯髒感，尤其不想坐在細菌的溫床——捷運的座位上。雖然真的累到不行時偶爾會坐下來，但只要想到可能會感染病菌，一回到家，我就會立刻把當天穿的衣服拿去洗。

從小我就是集父母期待於一身的英才，就讀人人欣羨的特殊目的高中（韓國旨在培養特殊人才的學校），考進一流的大學，也以優異的成績進了研究所。我的父母是國高中的老師，平時以虔誠的信仰為基礎教育子女，而我也沒有辜負父母的期待，成了一個品性端正的青年。除了偶爾考前會因為擔心而失眠之外，沒有碰上什麼特別的問題。

但就在研究所畢業口試時，發生了意想不到的狀況。因為考試前一天睡不著覺，我拖著疲憊的身子應考，可能是因為太過緊張，就連平時瞭若指掌的內容也回答得零零落落，最後畢業考試被當掉了。

問題就在於，我的腦袋之後經常浮現粗俗的穢語。平時用字遣詞都很講究的我是初次碰到這種事，加上我很擔心會在捷運站突然脫口說出穢語，所以內心開始慢慢畏縮。每當我覺得穢語就要脫口而出了，就會趕緊鑽進洗手間背誦祈禱文，而這種情況也越來越頻繁。父母開始覺得這樣的我很異常，這個狀況也令我痛苦不已，很擔心往後能不能在社會上立足。

陷入強迫症泥沼之人

擔心會感染細菌，唯有把每天穿過的衣服拿去清洗才會安心，或者粗俗的穢語在腦中縈繞不去，導致背誦祈禱文的時間越來越長等症狀就稱為「強迫症」。強迫症大致可分成兩類，分別為強迫思考與亟欲消除這種想法的「強迫行為」。

強迫思考有另一個說法，叫作「侵入性的想法」，生活周遭經常看到的強迫思考例子如下：

- 過度執著於病菌感染的物品上。
- 持續出現車門或玄關大門可能沒關好的想法。
- 不敬或低俗的想法在腦中縈繞不去。

・東西或物品只能整齊放在原位的想法。

另一方面，強迫行為則有以下狀況：

・想到不能感染病菌或細菌，所以會反覆洗手和清洗身體、經常使用吸塵器和洗衣機。
・即便車門、玄關大門和瓦斯等都已經關好了，仍會忍不住再三確認。
・擔心會出現不敬、低俗的想法或言語，因此一次又一次地祈禱。
・東西必須左右對稱或對齊邊線，又或者（在特殊狀況下）恰好相反，會特別花心思讓物品維持不對稱或邊線沒有對齊的狀態。

想必已經有些人看出來了吧？強迫行為的主要目的在於亟欲擺脫強迫思考的痛苦，因此強迫思考和強迫行為會依序伴隨出現。一般來說，強迫行為是一種個人遵照特定順序或次數的獨特儀式，好比說刷牙時會先刷左側三次，接著停下動作，再刷右側三次。

有強迫症的人經歷的痛苦，要比一般人的想像更為嚴重。由於特定想法在腦中揮之不去，為了能稍微掙脫這種想法，因此緊抓著強迫行為不放。

想到捷運上充滿病菌，就越來越討厭搭捷運。尤其夏天時的捷運站人山人海，想到有可能會感染各種細菌，每天就會產生宛如翻山越嶺般的痛苦。雖然試著尋求自救之道，盡可能在人潮較少的時段去搭捷運，但上下班時間是固定的，只能被這種無法擺脫的生活牽絆住。

周遭也不難見到擔心自己會口出穢語而戰戰兢兢、為此痛苦不已的人。雖然你順從父母「必須怎麼做」的教導，但內心深處可能早有想要反駁的種子發芽生根，所以在承受研究所口試被當掉的極大壓力時，這種反抗的心理便轉換為對低俗穢語執著的症狀出現。

問題就在於，一旦出現這種強迫思考就不容易消失。雖然在不會引起周遭人們注意的情況下持續屬於自己的隱密性強迫行為是一種痛苦，但時間拖得越久，症狀將會逐漸惡化，在社會上也很容易被孤立。

隨它而去，又或者放任自己的感覺

深受強迫思考與強迫行為困擾的人，最好必須逐漸拋棄二分法的思考方式——要不傾向完美主義，要不就是認為接受治療也沒有用（有趣的是，顯現強迫症狀的這些人，對於治療效果也帶有強迫性期待的傾向。）接著，當特定強迫思考發生時，要減少唯有做出儀式性的強迫行為，痛苦才會消失的想法，並且告訴自己可以去做與強迫行為無關的行為。此外，出現強迫思考時，「我可以控制情勢」的想法可能會使情況更加惡化，讓想法自然流動或放任自己去感受反倒有助於下定決心。

除此之外，以下是擺脫強迫症的幾項條件：

第一，強迫症治療的重點在於，**斬斷強迫思考與強迫行為之間的扣環**。那些會持續檢查玄關大門有沒有上鎖的人，一旦腦中出現大門可能沒鎖的想法時，身體就會率先採取行動。這時，趁身體採取行為之前，可以先做深呼吸或乾脆去做其他行為。當你一次、兩次發現就算沒有折返去檢查大門，回家之後門依然鎖得好好的，什麼事都沒發生，強迫症的情況就很有可能會逐漸減輕。

引起強迫思考的情境，或使其暴露在條件下，禁止對此做出反應的方式，以心理學的用語來說，叫作「暴露與反應預防法」。使用「暴露與反應預防法」時要考慮的點在於，先從暴露於不適感低的狀況開始循序漸進，進而改變自己的行為。舉例來說，因為害怕感染細菌而經常洗手的人，洗澡時也很可能會遵照特定的順序。這時就先嘗試不適感最低的行為（以不同順序清洗其中一個身體部位），若是成功的話，再挑戰下個階級（以不同順序清洗其中兩個身體部位）。如果再次挑戰成功，就再往下個階段（用與平時截然不同的順序清洗全身）邁進，最後達到就算不立即洗澡也能忍耐的階段。

第二，強迫症嚴重時，透過精神科醫生的諮商，接受一定期間的藥物治療也很有效。根據心理學的研究，為改善強迫症所進行的藥物治療，需要最少一個半月到三個月的時間。舉例來說，氯米帕明（Clomipramine，常見商品名為Anafranil）之類的藥物，可替約八十%的強迫症患者減少一半左右的症狀。[15]

第三，如同前面提到阿爾伯特．艾利斯的ABC理論，認知治療也經常用於治療強迫症。也就是將維持強迫思考的不合理信念、反射性思考、不適應性的自言自語逐漸加以改變的訓練。舉例來說，外出時要數次確認瓦斯安全閥的人，在他們的強迫性侵入性思維（瓦斯沒關好會外洩）底下，是由不合理的信念（要是因為我的失誤而發生瓦斯爆炸，我永遠都不會被原諒）在起作用。

當然，關好瓦斯安全閥的確很重要，但要確認好幾次的強迫行為當然是過度了。建立適應性的信念，或者暗自告訴自己：「確認瓦斯安全閥確實有其必要性，但瓦斯已經關好了，不會發生爆炸」或「就算瓦斯安全閥沒關，也不會隨即發生瓦斯爆炸」等，這些訓練都能帶來幫助。

同時，實際計算瓦斯爆炸的機率也能帶來幫助。好比計算瓦斯的火苗偶然掉落地面的機率低於十分之一，家裡可能有人因此著火的機率低於五十分之一，火苗擴及易燃物質的機率低於十分之一，擴散到整個家的機率低於十分之一，最後造成消防隊員都無法撲滅的機率低於百分之一等，一旦認知到自己想像的嚴重情況會實際發生的機率微乎其微，如此就能駁斥自己不合理的信念。

第四，治療強迫症時，家人的幫助很重要。替擔心會沾染病菌而不斷洗手的家人準備毛巾和肥皂，或者陪伴擔心會脫口說出低俗穢語而背誦祈禱文的子女一同祈禱等，這些行為都不是在幫助他們。以後者來說，雖然已達到了需要專家協助的程度，但重點在於父母要展現出想說穢語在所難免等理解子女的反應。此外，要幫助孩子意識到，自己把研究所畢業考試未通過的失敗想得太過嚴重，而父母也要一同接受諮商，理解平常強調品行端正和虔誠信仰，會如何影響子女出現強迫性的症狀。

遇到這種情況，可以在專家的協助下，按下錄音機，花三到四分鐘詳細說明自己恐懼的情況，接著反覆聽錄音內容，或將腦中浮現的低俗穢語反覆寫在紙張上，藉此暴露內心不舒服的狀態，再有意識地進行觀察痛苦感逐漸降低的訓練。當然，這時專家和家人都要攜手協助當事人，避免他做出背誦祈禱文的強迫行為。

進一步瞭解：強迫症反駁遊戲

針對強迫思考與行為進行認知行為治療時，駁斥不合理的強迫思考是一個必經的過程。強迫症患者可以和自己的朋友、男女朋友或另一半兩人一組，進行以下針對強迫思考的反駁練習。[16]

情境舉例

對細菌很敏感，過度保持清潔。

・負面想法

——搭乘充滿病菌的捷運後，回到家馬上把穿過的衣服拿去洗，接著花很長的時間洗澡。

・三個「理由清單」

——坐在捷運座位上的某天，覺得背部和臀部很癢，還長了濕疹。

——最近看到指出捷運把手相當骯髒的報導。

——和不認識的人有身體接觸本身就令人不快。

強迫症反駁練習

❶ 請寫下自己主要會有的強迫想法或行為，並寫出最多三個導致如此的「理由清單」。

・負面想法

・三個「理由清單」

❶ 兩人一組，交換彼此寫下的內容，以對方寫下的理由來說服他持續維持強迫思

考與行為。當對方試圖說服自己時，要想盡辦法反駁對方。像這樣採取兩人一組的方式，讓說服者和反駁者互換角色。

❷ 請寫下練習後的感想。

CHAPTER

6

現實治療會帶來正面變化

上班族欲振乏力的一天

我每天都無精打采的。因為早上經常睡懶覺，就算前一晚事先調好鬧鐘，醒來卻總發現鬧鐘已經被按掉，被上班時間追著跑成了生活日常。我隨便刷了一下牙，在臉上沾了點水，接著把牛奶淋在完全想不起來是什麼時候買的麥片中，一口氣囫圇吞下後就跑出門了。不曉得捷運上為什麼會這麼擠，如果想要準時在車站下車，就必須發揮硬推和掙脫的神功，但我連仔細思考「非得要這樣生活嗎？」的餘裕都沒有，一到了公司就焦頭爛額地忙起工作，不知不覺又過了一天。

回到烏漆抹黑又沒人在的家，只有早上慌亂出門的痕跡還散落在地上迎接著我。餐桌被各種雜物覆蓋，早上吃的麥片碗也在洗水槽中乾掉了。對於像我這樣獨自生活的人，電視就是唯一的朋友了。我躺在上頭有積垢的沙發上，不停按著遙控器轉換頻道，卻因為遙控器突然罷工而感到煩躁。應該是電池沒電了，但我找了一下，發現只有一顆乾電池，但遙控器需要有兩顆電池才行啊。雖然想著要不要出門買電池，但馬上就覺得太麻煩而作罷。

以泡麵果腹是家常便飯。若是拿出酸泡菜配著泡麵一起吃完，就會因為消化不良而胃脹，雖然覺得很不舒服，但這時睡意已經向我襲來。不吃東西，肚子會餓得受不了，但吃了之後，未徹底消化之前又會睏得要命，實在是讓我進退兩難。當我拖著疲憊的身軀到浴室刷牙時，覺得壽命將盡的昏暗燈泡彷彿在訴說我的心情。我隨便梳洗了一下，接著不小心躺在沙發上睡著了，等到醒來時，時間已經過了午夜十二點。我好不容易才撐起沉重的身軀走向床鋪，設好鬧鐘，心想著明天會不會迎來更美好的人生，再次進入夢鄉。

早晨再度來臨，因為鬧鐘又被按掉，我再次手忙腳亂地趕去上班。雖然只要這樣度過一段時日，薪水就會匯入銀行帳號，卻怎麼樣都提不起勁。錢總是以各種名目流失，最後所剩無幾，再加上上個月的信用卡費很驚人，就連確認帳單都覺得可怕。有人說，百分之七十以上的薪水要存起來，但我怎麼想都覺得根本不可能，因為我一直都是入不敷出。我忍不住想，是不是我太不懂得自我管理了？但這樣講起來，我也沒有什麼過人之處。儘管我安慰自己，目前帳戶還沒變成負的就該偷笑了，卻怎樣都甩不掉「繼續這樣過活也沒關係嗎？」的懷疑。難道就沒有什麼方法，可以把這沉重的身軀和心靈變得輕盈快活一些嗎？

當有氣無力的漩渦威脅到日常

你就像倉鼠在滾輪中不斷奔跑般，缺乏動力的日子成了生活的連續，很難找到未來的希望和幸福感。尤其每天為了活下去而吃飯、整理家裡、買生活用品、分配時間、收支控管等，這些自我管理的瑣碎雜務令你感到有氣無力。

生活日復一日，從某一刻開始，宛如斷線般的日常成了一種慣性。你迫切地渴望能有帶來變化的全新契機，想斬斷無力生活的連結，過著更活力充沛、更幸福的人生，但實際上你缺乏自信，不知道該從哪裡下手、該怎麼開始才好。

不管是誰，難免都會碰到欲振乏力的時候，也許，現在的你正好就處於這一刻。

名為努力的平凡真理

改變的第一階段，是設定變化與意志的方向。在這個階段，既沒有想要改變的意志，也不確定要改變哪個地方。根據每個人的狀況，有可能會在此階段花許多時間。

假如對目前的生活感到不滿足，就有必要充分檢視此時我想轉變成何種模樣。試著具體寫下，當生活一成不變時，有哪些地方讓你感到不舒服，同時也寫下當變化發生時，生活又會有何種轉變。

- 生活一成不變時的不便之處：無法做好自我管理，三餐沒有按時吃，也因此經常為消化不良而苦惱。總是被時間追著跑，收支無法平衡，自己也深感無力。
- 想改變的部分（想達成的目標）：按時吃飯，減少消化不良的症狀；控管收支，減輕無力感。

第二階段，是對變化抱持信心。在這個階段，雖然改變的意志和方向都很明確，卻沒有信心能夠做好。就算已經設定了改變的方向，但人常常會對變化產生排拒，或用悲觀的角度看待自己。

- 我可以做好自我管理嗎？我沒有信心。
- 想要過更好的生活，但對於要付出努力備感壓力。
- 我本來就對於縝密規劃某件事沒有自信，非得這樣做不可嗎？

有趣的是，在這個階段會出現威廉・米勒（William Miller）所說的「變化的矛盾」。這是指雖然期待有改變，卻對過程的繁瑣細節感到厭煩。想改變卻不想付出努力或沒有自信的狀態即是如此。雖然前面章節也強調過，但這種態度會與「唯有投資才有成果」的平凡真理背道而馳。**沒有投資就沒有改變，這是極為理所當然的結果，接受這件事才是負責任的態度。**

請接受吧，沒有全新的努力就沒有改變是天經地義的。努力做一件事，與什麼都不去做的本質截然不同，是重要變化的開始。努力不會帶來壞事，至少現在的狀態不會變得更糟。請試著去想一下，當我不做出改變時所帶來的不適感，以及改變發生時令人期待的好處，就算現在會有點辛苦，也請試著勇敢跨出一步吧！還有，請為雖然感到很辛苦，卻仍帶著想要改變的意志去努力的自己感到驕傲，給自己一點掌聲吧。將努力過後的圓滿結果記錄下來的習慣也會帶來幫助。請記住，小小的成功能夠增進自信。此外，感覺自信心低落時，請將自己正在努力的事情告訴親朋好友，讓他們在情緒上支持你。

第三階段，是為達成目標而設定具體課題。在這個階段，變化意志和方向都很明確，也產生了自信，只是不知道該從何下手。為了讓改變發生，開始設定該從何種行為著手及具體的行動吧。以下即是要採取的具體行動：

- 下班後，躺在沙發打開遙控器前，把先前堆積的碗清洗完畢，開始準備晚餐。當然，如果可以一吃完早餐就洗碗再出門會更好。在電視螢幕旁邊貼上「洗完碗之後再開電視」的紙條來提醒自己。
- 把每天一定要收看的電視節目限制在一天兩小時內，貼在沙發前的小桌子上，只在該時段打開電視。如果不得已超過規定時間，隔天就把超過的時間扣掉，調整電視收看時間。

• 不要在用餐過後立即躺到沙發上，而是到外頭散步二十分鐘。碰到沒辦法去散步的時候，就做十分鐘伸展操十大動作。可購買標示伸展操動作的圖表，貼在牆上跟著做。

• 整理上個月收支明細，決定五項不必要的支出，下定決心這個月不花這筆錢。可以去辦一張新的簽帳卡，把生活費放到帳戶中，並申請有支出時會收到消費用途和餘額的通知服務。

如果沒有信心能實現所有規劃的步驟，就先設定從哪件事開始的順序，分階段執行，接著再慢慢增加。有可能不會每件事都按照計畫完美執行，但重要的是當最初的計畫進行得不順利時，要執行什麼樣的次要計畫。可以事先想好，當計畫偏離方向，自己再度產生「毀了」的感覺時，要打電話向誰請求協助，將至少三人的名字和電話寫在沙發前的桌子上，按順序打電話給這些人，傾訴自己碰到的困難，也是不錯的方法。

實踐計畫越具體越好。為了讓某種變化發生，必須有相對應的具體實踐行為。不管多麼渴望改變、多麼自信過人，如果沒有實際行動，變化就不會發生。制定具體且可執行的階段性計畫，還有一步一步調整在實踐過程中發生的問題也很重要。

可能有人會懷疑，真的有可能如此縝密地制定計畫並且去實行嗎？當然，我並不是說改變很容易，只是不經任何努力就能實現的變化，終究代表它不是什麼重要的事，過去也就沒有理由折磨你了吧？嘗試總比什麼都不做來得強，假使嘗試改變卻不如願，至少不會使現在的情況惡化，也不會有任何損失。

進一步瞭解：現實治療的四階段

現實治療的四階段

現實治療（reality therapy）是由精神科醫師威廉・葛拉瑟（William Glasser）根據解決以下四個問題的過程所提出的。它是依據指稱各階段的英文單字Want、Doing、Evaluation和Plan的縮寫，稱為「WDEP」，而其關鍵就在於替代方案要非常具體，而且必須能夠達成，才能收到事半功倍的功效。

情境舉例

和室友因為分擔家事的問題吵架。

❶（Want）我希望在這個情況中得到什麼？

——改善因為室友違反分擔家事的約定而疏遠的關係。

❷（Doing）為了達到期望，此時的我做了何種具體行為？

——覺得很煩躁，所以大約有兩週沒和室友講話了。

❸（Evaluation）現在我的行為對達到期望有任何效果嗎？

——完全無助於改善關係。

❹（Plans）如果此時的行為沒有效果，那麼能達成期望的具體有效方案為何？

——找到能夠吐露真心的談話時間。

提問者：具體在什麼時間可以和室友談話？

我：可能等朋友從老家回來後的隔週星期一吧。

提問者：星期一幾點？

我：晚上八點左右。

提問者：見到室友後，你打算先說什麼？

現實治療練習

❶（Want）我希望在這個情況中得到什麼？

❷（Doing）為了達到期望，此時的我做了何種具體行為？

❸（Evaluation）現在我的行為對達到期望有任何效果嗎？

❹（Plans）如果此時的行為沒有效果，那麼能達成期望的具體有效方案為何？

CHAPTER

7

自己才是唯一該回答問題的人

站在選擇岔路上的畢業生

我是一名大學生，升上大四之後，也越來越煩惱未來的出路。剛上大學時，沒有什麼必須馬上決定出路的壓迫感，所以我參加社團等活動，度過了很愉快的大學生活。我從別的城市來到首爾求學，在外頭租屋，雖然覺得接受父母在經濟上的支援很過意不去，但仍很享受這般自由自在的生活。

升上大二時，朋友們都全心投入苦讀英文、申請實習等所謂能夠「累積經歷」的事情上，但對於擺脫行程滿檔的高中生活、想要享受自由生活的我來說，只覺得那些朋友們都太過現實了，所以我完全沒把注意力放在多益補習班或語言研修上頭，主要都和社團的朋友們玩在一起，也參與了校內演出。從大二下開始，我對系上的課業產生興趣，很認真地讀書，也拿到了不錯的中等成績。

但升上大四後，看到周圍的朋友們都進入了理想的公司，或者到研究所實驗室實習，內心也不免焦急起來。仔細想想，相較於其他朋友，我的成績很普通，過去沒有語言研修或實習的經驗，再加上沒有半張漢字證書或word證照，這些都讓我耿耿於懷。看著這些朋友們，我頓時覺得自己好像成了脫隊落後的人。我怪自己不知道過去都在做什麼，開始煩惱未來的出路。我打起精神，苦惱往後該做什麼，最後決定先從工作和研究所之間二選一，再開始做接下來的準備。

如果是先找工作（方案A），我現在就必須立刻申請實習或準備作品集參加人才招募，但如果選擇考研究所（方案B），那就得去修剩下的必修科目，最好再申請研究所實驗室，累積研究經驗。雖然比起同年級的同學遲了一些，但唯有現在做出決定，才能在畢業的同時立即到公司上班。可是，我不知道A和B之間，究竟哪一個才是我真正想要的。眼見做決定刻不容緩，內心卻舉棋不定，我到底該怎麼做才好呢？

選擇障礙，做決定的痛苦

人生是做出無數決定的過程，需要決定未來出路、選擇終生伴侶，還要選擇今天午餐要吃什麼。雖然選擇午餐吃什麼不是什麼難事，選擇出路或伴侶卻會對一輩子造成重大影響，所以覺得困難也是當然的。假如已經確知哪個方向的結果會比較好，選擇的過程就不需要煩惱，但很可惜的是，我們無法預知未來，只能在無法得知結果的情況下做出選擇，承擔選擇所帶來的結果，而選擇的痛苦就源自於此。

這種情況通常被稱為「A或B」的選擇題。你正處於時間的壓迫感之中，必須盡快從找工作（A）或考研究所（B）兩者之一做出選擇。現在，我們就一起來解決你的煩惱吧。

首先，試著用百分比來替A和B評分，看自己的內心更傾向哪一邊。假如A的偏好程度是百分百、B是零，那也就沒有必要苦惱了吧？假如A是七十%，而B是三十%，在這種情況下，A也占了大多數的比例，所以你也能輕而易舉地選擇A。但假如A是五十%，B也是五十%呢？要立即選出哪一邊就有困難了。

另外，在必須二選一的情況下，假如A的偏好度是五十一%，B是四十九%，但你又必須在沒有時間的狀態下選擇其一，那麼選擇五十一%的選項才合理。還有，更重要的是，你要竭盡全力讓這五十一%的選項達到百分百的結果。因為假如A、B的偏好程度不相上下，比起選擇哪一個，做出選擇後所傾注的努力程度，或許才是能不能成功的關鍵。

多數「A或B」的選擇題都像這樣，A與B的偏好程度幾乎占有相同比例，所以光靠這個方法自然難以做出決定。為了幫助在求職與研究所岔路上兩難的你，我們來試著說服你選擇其中一邊。首先來嘗試說服你選擇就業。

「最近要討生活不容易，父母在經濟上也不寬裕，考研究所這個想法似乎不太實際。再怎麼說，還是求職比較實際吧？」

那麼，你搞不好會想替考研究所抗辯。

「是這樣沒錯，但讀書也看時機，如果現在因為經濟條件放棄研究所，我還會有再次讀書的機會嗎？聽說現在想在公司存活下來，也要非常拚命不可，要是被工作纏身，好像就不會有想重返學校的念頭了。未來後悔怎麼辦？」

比起求職，你好像更傾向於考研究所，所以我們這樣試著順水推舟看看。

「是啊，讀書還是得看時機。大學畢業很難被視為有專業性，最近讀到碩士似乎也成了趨勢。雖然眼下不會有收入，但這是對未來作的投資，趁有機會時考研究所更好。」

好像總算更接近你的內心想法，提出了很適當的建議，但這時你又這麼說了。

「可是萬一碩士課程搞砸了，發現這不是我想要走的路，那又該怎麼辦？到時重新求職，少說也比其他人晚了兩、三年。想到為了上研究所而花費的機會成本和學費，那可是一筆驚人的數目，本來就覺得好像給手頭不寬裕的父母帶來太多負擔，心裡一直過意不去，過去連生活費和大學學費都是父母支助的……」

啊，這下傷腦筋了。選A有問題，選B也有問題，那麼該怎麼做才好？讓我們帶著耐心，重新提出建議吧。

「那試著在紙上寫下選擇A和選擇B時的優缺點，根據重要性加權計分之後，選擇總分比較高的那一個如何？不覺得這樣聽起來很合理嗎？」

這種選擇方法通常被稱為「損益比較法」（Benefit／Cost Comparison），有時效果很顯著。先按照建議，分別將選擇A和B時的優缺點寫下來，然後替每一項計算分數吧。可是，即便計算總分，有一邊分數略微高了一些，內心依然糾結不已。

「雖然我現在選了其中一個，但此時的優點未必以後也是，而且還可能恰恰相反，到時又該怎麼辦？」

雖然認為這是個很合理的建議，但過程中持續卡住。只有天生優柔寡斷的人才這樣嗎？無論竭盡腦汁都無法做決定的狀況真令人遺憾。

以「和」取代「或」

動機強化諮商的提倡者威廉・米勒（William Miller）將我們的狀況定義為「A或B」的

選擇題，而困境正是始於想要快速解決問題所產生。米勒博士表示，在許多狀況下，選擇的狀況不應該定義為「A或B」的問題，而是「A和B」的問題。認真說起來，A和B兩個在內心的重量相似，因此才會發生雙趨衝突（approach-approach conflict）。

在這種情況下，使用前述方法選擇哪一邊的策略無助於做出選擇，反而會導致對方去替反面的選項辯解。就像彼此坐在翹翹板的兩側上上下下，想說服當事人選擇A，卻使他替B辯解，而反之亦然。

那該怎麼做才有助於解決選擇題呢？

第一，請用「A和B」的問題去理解選擇狀況，而非「A或B」，也不要試著想說服哪一邊。這個過程有個極為關鍵之處，就是仔細傾聽難以做出選擇的人說話，並且去理解他苦惱的心情。傾聽者的感同身受，是開啟溝通頻道的第一把鑰匙。設身處地的傾聽，能降低選擇者的不安感，使他們能在輕鬆與信賴的氣氛下敞開心房，說出更多內心話。

第二，幫助對方暫時放下必須立即決定的焦慮感。在兩人討論之前，當事人一定老早就想了許多。原本要下決定就很困難了，如果又逼對方立刻從A和B之中選擇一個，只會增加他的負擔，無助於解決問題。反倒應該告訴對方，暫時放下必須抉擇的負擔也無妨。

第三，鼓勵對方自由探索人生的重要價值。擺脫迫在眉睫的選擇壓力之後，讓對方在沒有他人建議的情況下，自行排列並說出「精神上」認定的重要價值。在這個階段，可能會談到各種話題，像是「我一直都認為，女生也應該要從事具專業性的工作。像我媽高中時很會讀書，畢業後也去了公司上班，但婚後把整個人生都獻給了丈夫和我們兄妹。媽媽曾說，不知從哪一刻開始就沒了自己的人生，希望身為女兒的我，在婚後也能有一份專業的工作，理直氣壯地活著。」

第四，以人生的重要價值為基礎，幫助對方再次檢視選擇題。把人生中的重要價值充分說清楚後，再回到「A或B」的問題，一起探索哪一個選項才有助於實現人生價值的過程很重要。當事人可能會說：「這樣講下來，我發現從事專業工作要比成為平凡的上班族來得重要。那麼，就算無法馬上有收入也無妨，我想要繼續升學，提升我的專業性。學費的壓力似乎可以透過與打工或家教並行等方案來解決，我的想法好像變清晰一點了。」

選擇的問題總是如此。選擇之所以困難，就代表它對我們而言具有相當的重要性。也許，無論是選擇A或B，我們往後要經歷的困難完全沒有差別。此時的選擇是正確的決定與否，取決於往後的努力。假如決定之前已經深思熟慮過，那麼盡力讓這個選擇創造出最棒的結果，不才是造就正確決定的關鍵嗎？

許多人期待向神明或偉大的先人尋求「人生該怎麼活？」的答案。存在主義心理治療師維克多・弗蘭克（Viktor Emil Frankl）就說：「人們總希望這個世界、神明或周遭的人能夠告訴自己人生意義為何，但需要向神明或世界回答這道問題的人，正是自己。」

進一步瞭解：選擇的利弊分析

這項活動是藉由比較特定選擇時的期待損益，以幫助自己能更清楚瞭解想要的方向。它與一般方式有個不同之處，就是以二比一的比例來寫下預期的利益和損失。這是為了減緩隨著選擇而來的憂慮，幫助你能更正面的心態做出選擇。

情境舉例

決定和昔日情人重修舊好。

選擇的利益	選擇的損失
因為交往過，重新適應的時間短。	可能會因為類似的問題而再度失望。
分手期間，切身感受到彼此的重要性，會把兩人的關係看得更重要。	

情境

選擇的利益	選擇的損失

CHAPTER

8

偶爾，比別人晚點出發也無妨

擅長的事與想做的事

我是法學院的在學生，在身為律師的父親的規勸下，申請了一流大學的法學院，也以優異的成績入學了。我和其他忙於聯誼或社團活動的同學們不同，從入學就全心投入司法考試。下課後到補習班上課，在圖書館苦讀到深夜成了我的生活日常。我和朋友們很自然而然地疏遠，除了和準備考試的一、兩位朋友一起吃飯之外，大學生活平凡無奇。我本來就算是很能適應單調生活的人，所以也沒有什麼特別的不滿。

大二通過司法考試第一階段時，父母高興得合不攏嘴的模樣給了我安慰，我也因此更快馬加鞭地埋首苦讀，但第二階段兩次落榜，接著隔年就連第一階段都落榜，我突然產生了人生毫無意義的想法。不知不覺地，大四上學期結束，我環顧一下周圍，發現同學們都在累積經歷，我卻什麼都沒有。我怎樣都甩不掉這種失落感與彷彿成為魯蛇的感覺，所以覺得好痛苦。就好像在天寒地凍的冬日裡，我卻孤零零地被留在田野上。

就在這時候，為了補足畢業學分，我偶然修了一門文學教養的課程，在完成寫作報告的過程中，小說家這個職業讓我產生了興趣。我想了一下，發現自己從小就很喜歡讀小說。雖然教授對於寫作報告的評價差強人意，但我總覺得不曉得自己想做什麼，好像一直以來都只依照父母的期望生活。

我覺得以寫作為職業似乎很不錯，所以告訴父母我想中斷準備考試，轉到國文系，結果父親強烈反對。父親完全無法諒解地說，我的頭腦這麼好，為什麼要當什麼從來都沒想過的小說家，還說看我上一次可以通過司法考試第一階段，顯然我有當法官的資質，要我再多努力看看。相較於父親，母親雖然稍微能夠理解我，卻早早就開始杞人憂天地說，要成為小說家很難，就算能順利踏進文壇，想成為暢銷作家也如天上摘星般遙不可及。

已經浪費好幾年光陰的自責感排山倒海而來。究竟應該堅持過去努力這麼久，從現實角度來看也比較可能成功的高考，又或者是為了做自己想做的事，果敢地選擇一條全新的路，關於未來出路的煩惱越來越深。

這條路非我所我想的時候

對年輕人來說，在未來的不確定性中決定出路或職業，猶如拼湊高難度的拼圖。特別是選擇大學或科系時，有很多人是受到師長或親朋好友的建議所影響，導致進大學後，反而更苦惱未來出路了。根據統計，美國大學生更改未來出路的平均次數達到了五次，而在韓國，開設職涯探索講座、許多大學設有職涯諮商中心或經歷開發中心等也都與此有關。

根據各人的情況，認為難以選擇未來方向很困難的原因百百種，但本質上都是基於無法預測選擇結果的不確定性。如果是優柔寡斷之人，不安的程度也就越深了。

就大部分大學生活都只朝著埋頭奔向司法考試的你來說，落榜的結果一定讓你大感挫敗。你很會讀書，考進了一流大學的法學院，第一階段通過時，也有種勝券在握之感吧？但站在落榜的結果面前，你一定覺得過去的所有努力都成了泡沫，承受了莫大的失落感。

此時此刻，也有無數的年輕人為選擇出路而感到困惑，或者在追求自己所選方向的過程中遭遇失敗，因不安感與被剝奪的感覺而感到痛苦萬分。我想告訴這些孩子，與其因為一時的失敗而自責或埋怨身邊的人，不如鼓勵一下勇敢嘗試與努力的自己吧。

不管是誰，在選擇的路上無法獲得與努力相對應的結果，都會感到大失所望，因「要是再多努力一點就好了」的自責感而痛苦，又或者埋怨當初不願相信自己、充分給予支持的父母。但如果長期陷入不必要的自責感中，最後會導致自信心下降，對於探索全新出路的結果也會帶來負面影響。因此，請設定一定的時間，只在這段時間內盡情地失望吧，在這之後，就將它徹底拋到腦後，有意識地付出努力。

未來的結果非我所能控制，因此請為朝目標而奮鬥的自己感到驕傲，善待並鼓勵熬過那艱辛過程的自己吧。

人生猶如跑一場馬拉松，即便比他人稍慢一些，天也不會垮下來。和那些資歷豐富的朋友們比較，很容易會覺得只有自己成了落後者，或有被無限競爭時代排拒在外的感覺。儘管如此，我並不是說年輕人的挫折感無足輕重，或是很容易克服，只不過希望各位能理解人生如一場馬拉松的道理。

年輕時，比同儕晚了一、兩年，會覺得自己好像落後了，但到了中年，回想起二、三十年前的年輕歲月，這一年和那一年似乎都差不多，真正當時做了什麼都想不太起來。二十三歲時，會覺得晚了一年是很嚴重的事，但如果六十歲時再回頭看，就會覺得二十三歲和二十四歲沒有太大分別，反倒是為了前進兩步而後退一步的人生道路，可能會成為幸福職場生活的基礎。

追求理想人生的資格

第一，請收集有關自身興趣與性向的專業資訊。探索未來出路時，關鍵的出發點在於取得與自身特性相關的資訊。你有必要優先去瞭解，自己喜歡什麼（興趣），自己做哪些事時會有成就感、效率會提高（性向）等性格特性。為此，嘗試在學校或某些機構提供的「性向心理測驗」將會帶來幫助。

在此推薦霍爾蘭（Holland）職涯職業興趣測驗。這項測驗是依據職業與興趣，分成實用型、研究型、藝術型、社會型、企業型、事務型六大類。此外，MBTI性格測驗則是根據內向／外向、直觀／感覺、思考／情感、判斷／知覺四個面向的組合，將人們分成十六種性格類型。當然，為了能夠理解測驗結果，使每個人在選擇職涯時有實質上的幫助，有賴於與經驗豐富的專家進行諮商。

第二，請區分自己擅長與自己想做的事。在探索未來出路時，會碰到的困難之一，就是自己擅長的與想做的事不一致。實際上，許多人會苦惱，究竟該選擇相對熟悉且符合性向的事，又或者選擇想嘗試的全新挑戰。要把擅長的事當成職業嗎？又或者該選擇想做的事呢？若詢問大學生這個問題，有三分之一會選擇前者，三分之二則選擇後者。

關於這個問題，根據各人重視的價值而有不同答案。如果是重視財富名利等常見成功定義的人，就會選擇更快成功的路，而非擅長做的事。相反的，假如相較於所謂世俗定義的成功，更期望自己能獲得簡單的幸福，就會選擇自己想做的事。終究，會根據每個人認定何者更有價值而造就不同選擇。當然，有些人也可能做出結合兩者的選擇，把擅長的事當成職業，把想做的事當成興趣。以法官身分在社會上占有一席之地，五十歲以後步入文壇的人也不少，因為從法官必須寫判決文的角度來看，這個職業也不盡然和寫作無關。

我認為，年輕時嘗試自己想做的事充分具有其價值，只不過希望你能先訂下期限再去嘗試。以此個案來看，先經歷三年成為小說家的過程，若是自己在過程中感到幸福，就可以繼續走下去，但如果不盡理想，也可以重返法官之路，或者摸索其他方向。至少不會留下始終沒有去嘗試的悔恨，也能在過程中深刻地理解自己喜歡什麼、何時會感覺到自己活著，又在什麼時候會感到幸福。

我認為，在追求理想的過程中獲得的經驗，沒有任何一項能被拋棄。就筆者的經驗，雖然目前在大學教心理學，但年輕時曾在補習班擔任三年的英語講師。以客觀角度來看，這對教授的資歷毫無加分作用，卻對需要使用英語的美國留學生活帶來莫大助益，包括現在需要長時間站著授課，或與聽課的學生互動都有很大幫助。

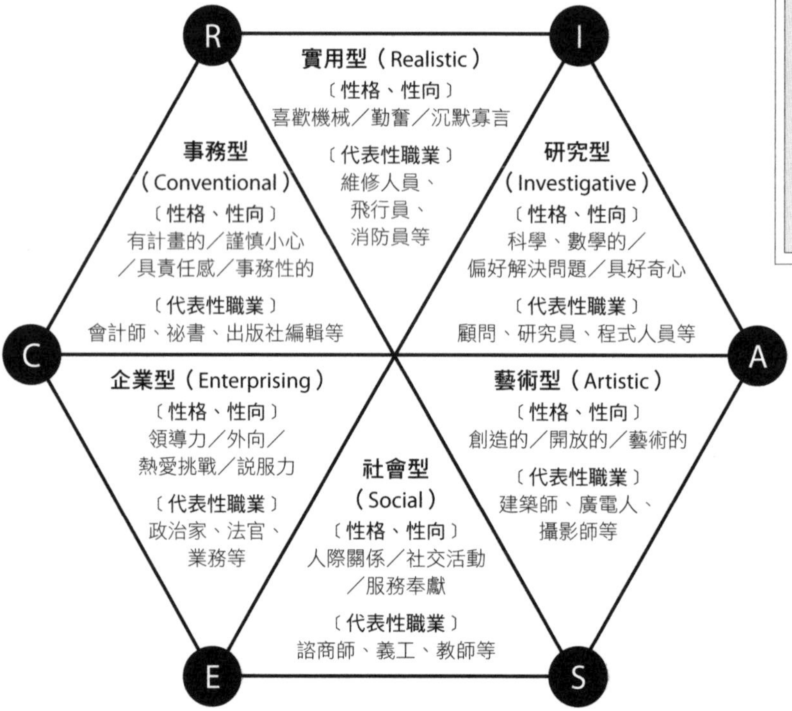
R
I
C
A
E
S
實用型（Realistic）
〔性格、性向〕
喜歡機械／勤奮／沉默寡言
〔代表性職業〕
維修人員、
飛行員、
消防員等
事務型
（Conventional）
〔性格、性向〕
有計畫的／謹慎小心
／具責任感／事務性的
〔代表性職業〕
會計師、祕書、出版社編輯等
研究型
（Investigative）
〔性格、性向〕
科學、數學的／
偏好解決問題／具好奇心
〔代表性職業〕
顧問、研究員、程式人員等
企業型（Enterprising）
〔性格、性向〕
領導力／外向／
熱愛挑戰／說服力
〔代表性職業〕
政治家、法官、
業務等
藝術型（Artistic）
〔性格、性向〕
創造的／開放的／藝術的
〔代表性職業〕
建築師、廣電人、
攝影師等
社會型
（Social）
〔性格、性向〕
人際關係／社交活動
／服務奉獻
〔代表性職業〕
諮商師、義工、教師等

霍爾蘭六邊形

心理學家約翰・霍蘭德（John Holland）將個人的職業興趣分成六大類，提出其類型名稱、性格特徵、性向，以及各類分數高的人主要從事的職業。請從上圖六大類中挑選與自己優先相關的三項，檢視與其相關的職業種類。

CHAPTER

9

在倦怠與危機中再次找回自己

詢問「我是誰」的時候

我想不起何時有過屬於自己的時間。早上替孩子們洗完澡，送他們到幼兒園和托兒所，自己再去上班，接著就是一整天開會、開會和開會……雖然公公婆婆會在下班之前幫忙帶孩子，但回到家之後，準備晚餐給孩子吃、替他們洗澡、哄他們入睡的責任全落在我頭上。雖然大家都說現在當媽媽的已經輕鬆很多，但老公們依然只把育兒當成是在「幫忙太太」。

轉眼間，我也有了一點年紀，現在則是辭掉工作，在家當家庭主婦。孩子們都到了上學的年紀，丈夫依然在外頭工作打拚。早上時，當家人全都出門、前往各自崗位後，我做完家事，愣愣地坐在沙發上，突然萌生一種很空虛的念頭——我是誰，我的人生又在哪裡？編織粉色夢想的少女早已消失得無影無蹤，滿腦子只煩惱一天三餐要準備什麼小菜，但我卻無法向任何人吐露這種空虛的心情，就算說了，也只會被說是「身在福中不知福」。

老公的狀況也大同小異。如今他成了再也沒什麼好吹噓、有著啤酒肚的阿伯，炫耀子女成了唯一的生活樂趣。要是子女表現得好，被朋友們說羨慕他有福氣，那天就會神氣得不得了。雖然大家都說，到了這個年紀，靠這些尋找人生樂趣很正常，但內心的某個角落卻莫名感到寂寞。老公垂頭喪氣地說，如今人生中再也沒有令自己心跳加速的事了。

第二青春期的身分認同混亂

日復一日，度過乏善可陳的一週又一週，有時不免驀然驚覺，自己竟然已經到這把年紀了。回想過去，經歷了少不更事、不知道被人照顧有多麼珍貴的童年，擁有青澀夢想的青少年時期，也曾有過雄心壯志的時期，以及就算熬了通宵，隔天工作也不成問題的時候。曾經為喜歡某人而苦惱，在強迫諒解的最後，經歷離別之痛的悲傷時光，也曾經不諳婚姻意義為何，只像他人一樣將它視為人生必經的過程，就這麼踏入了新婚生活。伴隨子女誕生的欣喜而來的，是當父母必須承擔的沉重責任，以及手足無措的日子。

年紀的十位數字越來越大，時光也跟著快速流逝，你可能會在某一天突然發現，鏡子中的自己看起來如此陌生。眉宇與嘴唇周圍的深刻皺紋、不知不覺逐漸花白的髮絲、黯沉的臉色和鬆垮的皮膚、滿是皺紋的脖子、圓滾滾的肚子，鏡子裡站了個陌生人，而年輕時如花似玉的面貌早已不知去向。

實際上，同時要兼顧職場、育兒和家事的職場媽媽，只能身不由己地變成女超人和戰士。無論是工作、育兒或家事，沒有一件事是簡單的。究竟是為了什麼要如此拚命呢？又或者，只是因為不得不如此，所以才莫可奈何地這樣活著呢？

婚前曾經有過的單純心願，似乎在名為生活的沉重現實面前逐漸失去了光芒。每當萌生羨慕朋友不必工作的想法時，就會覺得打鼾呼呼大睡的冷漠丈夫很討人厭，但每天早上看到不想和媽媽分開的孩子們，又會因心生愧疚而鼻酸。要是碰上自己生病時，又不能拋下仰賴你一人的家人不管，安心地臥病在床。面對這樣的現實，內心的委屈頓時湧上。為了讓孩子進入幾十名裡頭才能擠進一名的公立幼兒園，你排在隊伍中苦苦等候，卻忍不住想捫心自問，此時我的人生究竟排在哪裡？

辛苦的不只有職業媽媽。辭掉工作後當家庭主婦，或者一開始就當家庭主婦的人生也同樣令人虛脫無力。永無止盡的家事，就算做得再辛苦也看不出來，如果有人能偶爾幫忙替自己做一下，那該有多好呢？有時，就連家庭主婦都不禁想吶喊：「要是我也有太太就好了！」只要打開窗戶，即便稍早前才用抹布擦拭過，也很快就會沾染灰塵。到了夏天，一天內有好多毛巾和衣物堆積；到了梅雨季節，為了弄乾潮濕的衣物而展開大作戰。吃完飯、收拾好桌面，接著下一餐又到來了。韓國綜藝節目《一日三餐》的浪漫，只存在於電視中。要做的工作猶如無限符號般，怎樣都看不到盡頭。丈夫的全副心思都放在升遷與人脈上，子女則忙著談戀愛和交友，他們似乎都忘記了你的存在。唯有需要什麼，又或者事情不順心時，需要有個發洩對象時才會找你。想到自己會不會在毫無存在感又無意義的生活中結束人生，淚水頓時奪眶而出。

當丈夫的人也沒有太大分別。為了子女和家庭而奮力往前奔跑，咬著牙撐過各種看不順眼、耍心機和失落的種種。總是懷著搞不好哪天就得「被辭職」的不安感活著，直到某一天照鏡子時驀然發現，怎麼裡頭有一個肩膀下垂、頭髮花白、臉上又滿是皺紋的陌生男人。當薪水匯到戶頭，甚至會萌生一種自己宛如ATM般的違和感。拿著固定的零用錢去見好友時，也很難敞開胸懷請對方好好吃上一頓，但即便這麼節儉了，帳戶的錢卻總是入不敷出。在公司時，別說是要大聲訓斥新來的員工了，平時還要看部下的眼色做事。生存在這個奇怪的世界裡，唯一能夠安慰自己的就只有孩子了，但就連疼愛有加的女兒到了青春期，也開始和爸爸疏遠，而太太則是每年都把丈夫的生日忘得一乾二淨。雖然平時也不以為意，卻又不時會湧上失落和空虛感。

- 為什麼會覺得這麼空虛孤獨呢？
- 如今不再有任何令我心跳加速的事情了嗎？
- 我現在要去哪裡？
- 我是誰？

這些即是今日社會的自畫像。也許此時的你也正在捫心自問。

心理學將此問題稱為認同迷失（identity diffusion）。自我認同的形成通常是決定自身職業與未來的青少年時期重要課題，而這指的是與青春期（思春期）相對應的中年認同迷失，又稱為第二青春期或思秋期。尤其當職業或家庭的角色固定，經濟上也達到一定穩定性時，重新檢視自己的時期就會找上門來。若是此時期認同迷失的症狀很嚴重，可能會出現過去沒有的不成熟表現，中年夫婦也很容易會有倦怠感或迎來危機。

孤單是成熟人生的必要條件

如何處理中年危機？這個問題沒有固定答案，但在此想以諮商理論和經驗為基礎，與大家分享幾個想法：

第一，請給為了家庭努力到現在的自己一點溫暖的鼓勵。試著在日記本上寫下過去你完成的事情清單，翻開留下過去痕跡的相本。當你養成記錄人生軌跡的習慣，就能偶爾回顧這些備忘錄，細細回味自己的來時路。

第二，請有意識地努力增加與家人共度的時光。好比說每個星期天早上和家人一起吃早餐，聊聊一週以來發生的事情也不錯。請規劃夫妻可以共同參與的活動，像是散步、運動、喝茶、一起學習某樣東西等，就算時間不長也沒關係。一起規律運動可以預防憂鬱症，使生活變得活力充沛，或者考慮去參加「夫妻學校」或「好父親聚會」等自發性社團。

第三，養成閱讀習慣，人生前輩將會傳授你各種智慧與有意義的建言。不要一口氣就把書讀完，而是不時拿出來看個幾頁，細細咀嚼其中深意。

第四，參加與宗教或靈性相關活動，又或者參加志工服務。實際上每個人都是孤獨的，是會感受到自由、責任和孤單的個體，因此有時感到空虛或寂寞是極為自然的事。藉由尋找人生的全新意義，有些人開始思索有關於自己的天命，有些人積極參加宗教團體或靈性聚會，也有些人當起幫助有困難的鄰居或弱勢族群的志工。**希望你能找到屬於自己的方法，從中感受生命的珍貴，以及為他人或社會奉獻的滿足感。**

進一步瞭解：憂鬱症診斷標準與「寫給自己的信」

在人生過渡期碰到認同迷失時，可能會產生憂鬱情緒。輕微憂鬱就像心靈患了感冒，可以靠運動或轉換心情來克服，不過重度憂鬱就可能導致一個人做出自殺等極端選擇。所以，假如身邊有憂鬱症狀的人，請好好觀察他們是否有以下症狀，必要時必須考慮求助於精神科醫師或心理師。

需要注意的部分有食慾、體重與睡眠，根據各人狀況不同，可能會突然增加或減少，因此不管是哪一種，只要突然發生變化或疲勞感遽增，就有必要多加留意。厭世的想法越深，特別是對人生有嚴重失落感，就可能代表症狀越嚴重。

憂鬱症的診斷標準[17]

以下為《精神障礙分類與統計手冊》（*The Diagnostic and Statistical Manual of Mental Disorders*、*DSM*）第五版提出的憂鬱症診斷標準。當幾乎每天出現五種以上症狀，而且持續兩週以上時，就會被診斷為憂鬱症。

❶ 持續情緒低落。

❷ 對日常活動感到意興闌珊、興致缺缺。
❸ 食慾或體重明顯增加或減少。
❹ 失眠或睡眠過多。
❺ 精神焦躁或遲緩（坐立不安或欲振乏力）。
❻ 充滿疲勞感或喪失活力。
❼ 認為人生毫無價值，產生過度或不必要的自責感。
❽ 思考能力、集中力下降或優柔寡斷。
❾ 反覆思考死亡與自殺、企圖自殺的具體計畫。

倘若你認為自己站在人生的過渡期中，鼓勵你寫一封「給自己的信」。當內心充滿負面情緒時，試著將它書寫下來會有很大幫助。

不過，寫這封信時，請避免寫負面的內容，而是安撫與鼓勵即便身處困境，依然為了家人、為了自身認定的重要價值而努力生活的自己。

請在信件最後寫下日期和姓名，將這封信保存三個月後，再拿出來重新閱讀，並與親近的人分享你的感想。

寫給自己的一封信

請回顧過去，冷靜地取出那些包圍自己的傷痛，接著寫下一封安撫與勉勵自己的信吧。

給親愛的＿＿＿＿

我再也不是昨日的我，
也相信我能有所改變。

年 月 日 姓名

CHAPTER

10

努力才會有收穫

捷徑與效率的陷阱

我對於韓國人就必須讀英文這件事感到很不滿。要把我們自己的語言學好就已經夠難了，實在不懂為什麼還要學其他國家的語言。可是，在我決定出國留學的同時，我也面臨了必須用英語聽說讀寫的狀況，為了有沒有能夠快速增進英語實力的方法而苦惱不已。

最初選擇的方法，是購買實用英語書籍來突破困境。看到英語相關書籍多到令人眼花撩亂，我在驚嚇之餘，選擇了以有趣的教材為主要閱讀。我期待著，在書店鋪天蓋地的書籍中，只要挑選其中一本，跟著上頭的內容認真閱讀，英語就會立即有長足的進步。我被「如魔法般的英語」、「只要一個月就能搞定英語」、「笨蛋也能駕輕就熟的英語」甚至是「只要玩就能增進英語實力」等這些充滿誘惑的標題吸引，購買的書一下子就超過了三十本。可是，讓我感到驚訝的是，剛開始買書時，我覺得每本書提出的英語學習方法都很新鮮，所以帶著英語馬上就會進步的期待感讀了幾頁，但才讀了三、四頁，就覺得每本書都大同小異，很快就覺得興致缺缺。想到那些買書的錢，忍不住覺得心疼起來。儘管如此，我心想，難道沒有什麼其他效果滿分的書嗎？於是又跑到書店不斷買書。

就在我對讀英文開始感到厭煩之際，看到廣告宣傳聽道地真人發音錄音帶的效果很好，所以砸下大錢買了有數十捲錄音帶的教材，重拾英文。但等到我實際開始嘗試，發現要反覆聽錄音帶學習並不容易。最後，數十卷錄音帶又被丟在角落積灰塵。

不久後，我買了更貴的錄音帶，也買了可以把自己的發音錄下來重複聽的錄音筆，但這個方法也沒有維持很久，很快就覺得無聊乏味、意興闌珊。

雖然我很努力想要有效學習英語，但英語實力不見進步，還有為什麼我會一直感到心力交瘁又累得要命呢？為什麼學英語這麼困難呢？真的沒有能夠輕鬆學習英語的方法嗎？

越是苦心追求，越是每況愈下的效率矛盾

許多人經常陷入希望效率與捷徑兼得的陷阱，對此我想要說明一下。簡單的來說，想以最少的努力獲得最大效果的人，就很容易掉入這個陷阱，也是大家在準備各種考試或學習某件事情時，很容易陷入的心理、策略上的錯誤。雖在此會以學習英語來做說明，但核心在於追求捷徑與效率在哪一個面向造成問題。

第一，基本上自認英文口說能力不佳，擔心會說出文法有錯誤的句子，所以腦袋都要先想好完整的句子後才開口，以致花了許多時間。

第二，雖然很想說好英語，但很容易對反覆學習的過程感到乏味。因為想要找到新穎有效的方法，早日學好英語，所以產生了只要讀完這本，就能短時間征服英語的期待感。

第三，傾向於以新奇好玩的說法為主來學習英語，但實際生活上幾乎沒有機會使用，造成「有點尷尬」的局面。可是根據筆者在美國居住八年以上、生活上必須講英語的經驗，越是想在很短的時間內、比別人更快精通英語的人，越容易在一心追求捷徑與效率的最後感到挫敗。

毅力與反覆練習的捷徑

舉例來說，下列態度將有助於學習英語：

第一，無論學習什麼，只要過度講求能力，就會感到負擔百倍，所以關鍵在於減輕負擔感。

許多韓國人學習英語，都是因為和學校成功或特定考試分數有寬，所以會把英語當成實力或能力的指標。然而，沉重的壓力反倒可能帶來進步速度比想像中緩慢的結果。不把英語當成能力的指標，而是透過對話分享、傳達彼此想法的語言，才能減輕內心的負擔，學習也會事半功倍。

請從放下完美使用英語的負擔感開始吧。舉例來說，如果要用完整的英語句子講出「我可以抽根菸嗎？」時，你可以說「Would you mind if I smoke？」或「Would you mind my smoking？」但實際上我遇到的美國人多半會說「Mind if I smoke？」或許，即便你說「Smoking，OK？」在溝通上也完全不成問題。同學說要團購書籍時，你打算說「算我一份」，腦袋想著「Would you include me？」的時候，母語人士則是會簡單地說一句：「Count me in」。擺脫要把英語講得很完美的想法，將重點放在語言原本的目的——溝通上頭，快樂學習英語，才是提升英語實力的方法。

第二，當你與講求創新與效率漸行漸遠時，學習效率反而會提升。在學習英語時，你犯下了一個「效率陷阱」的錯誤。你購買了超過三十本英語教材和各種視聽教材，英語實力卻依然在原地踏步，以及英語教材都只讀了幾頁就感到無聊的原因，很可能不在於教材本身，而是學習教材的方式上頭。

你擁有超過三十本的教材，卻沒有一本讀到最後，也沒有反覆練習。急著想要精通英語，以及追求以最少的努力求得最大效果的效率心態，這兩者導致你未讀完任何一本教材，也沒有反覆練習，這等於是想追求效率，卻得到最沒效率的結果，聽起來不是很弔詭嗎？

天底下沒有白吃的午餐，也沒有俯拾即來的東西。就算有好了，也不會是太有價值的東西。一分耕耘、一分收穫是最天經地義的道理。因此，如果想要學好英語，卻覺得反覆學習很麻煩，你的期望就永遠不會實現。所謂「學習是成功之母」，放下尋求捷徑的心態，才能讓你有個全新的開始。

我們在一天之內使用英語的時間有多長？假如一天是一小時以下，那麼我們的能力比母語人士差是理所當然的，因為他們至少一天使用十二小時以上。

因此，如果真的想要學好英語，最重要的關鍵就在於增加反覆使用英語的時間。聽到一天只背一個單字，大家可能會嗤之以鼻，但是一年就能學到三百六十五個單字。如果想用英語溝通，大概五百個單字就足夠了。實際上，美國的孩童單靠這些有限的單字也能說出流暢的英語。重要的是，即便一天只背一個單字，要每天持續背誦並不如想像中容易。

第三，請檢視一下自己在學習時，是否總是被新奇的、例外的說法給吸引。英語中有個說法叫作「Give me a break！（饒了我吧！）」這個說法通常是在違反交通規則時，希望警察能夠網開一面時使用。有為數不少的人會以這種新奇的說法為主來學習英語，但實際上使用這種說法的情況並不常見。相較之下，反覆並持續學習實際生活中會頻繁使用的說法和例句，能夠更快地達到目標。舉例來說，如果想對某人說：「請把它放下」，可以簡單地說

「Put it down」。同時，在說到「組裝」時，比起「assemble」這個單字，「put together」的簡單用法更普遍，也更容易活用。

重點在於，學習某件新事物時，不要陷入效率的陷阱，而是帶著毅力一步步練習，才是最快抵達目的地的捷徑。

進一步瞭解：精熟目標導向與表現目標導向

執行工作時，根據自己帶著何種目標導向，成果可能會有不同。目標導向可分成精熟目標導向（mastery goals orientation）和表現目標導向（performance goals orientation）。[18]也就是把執行工作視為學期與成長的過程，或是把重心放在工作執行結果的問題。

精熟目標導向

這個概念是指在執行工作時，以提高工作熟練程度與開發自身能力為主要目的之導向。此種導向強烈之人偏好具挑戰性的工作，對於結果失敗的恐懼感低。由於將重心放在挑戰與努力的過程，所以即便失敗了，對於工作的興趣水準也不會因此降低，在執行工作的過程中能維持穩定的情緒狀態。

表現目標導向

這個概念是透過工作來確認自身工作能力的一種個人性向。尤其這種導向強烈之人，會很關心自己是否比他人做得更好，面對他人針對工作執行成果給予評價或反饋時很敏感，因此對於失敗的恐懼感高。對這些人來說，失敗可能意味著自己的無能，對自尊感造成衝擊，嚴重的話還可能造成憂鬱情緒或羞恥心等。

根據學者的研究，同時考慮兩種目標導向類型及趨向與迴避的行為模式，將其分成四種類型，即趨向精熟、逃避精熟、趨向表現及逃避表現。學者們甚至根據各類型，研究他們在執行結果的差異與心理適應性。[19]

12. Steven C. Hayes, Spencer Smith著，文賢美、閔丙湃譯，（2010），《擺脫心靈，走入生活：新式接納與承諾治療》，學知社。
13. Shafran, R., Cooper, Z., Fairburn, C.G.（2002）, “Clinical perfectionism: A cognitive-behavioural analysis,” *Behaviour Research and Therapy*, 40, pp.773-791.
14. 李東龜與李熙璟於2009年撰寫的未出版資料。
15. 權俊秀、申岷燮，（2015），《強迫症認知行為治療也可輕易上手》，學知社。
16. 以大衛・伯恩斯的魔鬼代言人法（the devil’s advocate technique）為基礎，將重點放在反駁強迫症上進行修改。
17. 權錫萬，（2015），《現代理想心理學》第二版，學知社。
18. 申智恩、李東龜，（2010），「學業優秀青少年的自我指向型完美主義與遭遇失敗的情緒：目標指向性的媒介效果」，《韓國心理學會誌：一般》，29（4），pp.911-933。
19. Elliot, A.J., McGregor, H.（2001）, “A 2x2 achievement goal frame-work,” *Journal of Personality and Social Psychology*, 80, pp.501-519.

參考文獻

1. Heppner, P.P., Cook, S.W., Wright, D.M., Johnson, C. Jr.（1995）, "Progress in resolving problems: A problem-focused style of coping," *Journal of Counseling Psychology*, 42, pp. 279-293.
2. 李東龜、朴炫柱，（2009），「應對方式不同的群體，拖延與精神健康的差異性」，《韓國心理學會誌：社會與性格》，23（2），pp. 43-57。
3. Collins, T.J., Gillath, O.（2012）, "Attachment, breakup strategies, and associated outcomes: The effects of security enhancement on the selection of breakup strategies," *Journal of Research in Personality*, 46(2), pp. 210-222.
4. 金省希，（2007），《自我開發的主張訓練理論與實務》，學知社，修正後引用。
5. 李智英，（2014），「不會造成傷害的情緒表達三階段」，《我為什麼對於情感這麼生疏？》，青林出版，修正後引用。
6. Ma,K.（2006）, "Attachment theory in adult psychiatry. Part 1: Conceptualizations, measurement, and clinical research findings," *Advances in Psychiatric Treatment*, 12(6), pp.440-449，修正後引用。
7. 與（現）大腦訓練研究室房起淵所長對話時得到的靈感。
8. Raymond J. Corsini, Danny Wedding著，金正喜譯，（2007），《現代心理治療》，博學社，P.155，修正後二次引用。（僕從面具）作者注。
9. Lee, D-G., Lee, S., Park, H-J,（2008）, "Validation of the Korean version of the Locus of Evaluation Inventory," *Korean Journal of the Counseling and Psychology*, 20(1), pp.65-82.
10. Schouwenburg, Lay, Psychyl, Ferrari著，金東日譯，（2015），《學業拖延行為諮商：理解與介入》，學知社，部分參考。
11. Schacter, Gilbert, Wegner著，閔京煥等八人譯，（2015），《心理學入門》第二版，Sigma Press，P.151，二次引用。

為什麼你替別人著想，自己反而受傷？
放下對他人的期待，活出內在價值，與不完美的世界和解
서른이면 달라질 줄 알았다

作　　者	李東龜 이동귀
譯　　者	簡郁璇
社　　長	陳蕙慧
副總編輯	李欣蓉
協力編輯	Lys Chen
封面設計	比比司設計工作室
行銷企畫	陳雅雯、洪啟軒、余一霞、尹子麟
讀書共和國出版集團社長	郭重興
發行人兼出版總監	曾大福
出　　版	木馬文化事業股份有限公司
發　　行	遠足文化事業股份有限公司
地　　址	231 新北市新店區民權路 108-3 號 8 樓
電　　話	（02）2218-1417
傳　　真	（02）2218-0727
Email	service@bookrep.com.tw
郵撥帳號	19588272 木馬文化事業股份有限公司
客服專線	0800221029
法律顧問	華洋國際專利商標事務所 蘇文生律師
印　　刷	成陽印刷股份有限公司
初版一刷	2020 年 5 月
定　　價	360 元

國家圖書館出版品預行編目（CIP）資料

為什麼你替別人著想，自己反而受傷？：放下對他人的期待，活出內在價值，與不完美的世界和解 / 李東龜著；簡郁璇譯. -- 初版. -- 新北市：木馬文化出版：遠足文化發行，2020.05
面；　公分
ISBN 978-986-359-796-4（平裝）

1.自我實現　2.自我肯定

177.2　　109005077